외국인을 위한

실용한자어

외국인을 위한

실용한자어

實用漢字語

지은이 **박기선**

HU:iNE

머리말

외국인을 위한 실용한자어는 한국학이나 한국어 & 문화 학습에 관심이 있는 외국인 학습자들에게 한국어 어휘의 많은 부분을 차지하는 한자어의 구성에 대한 이해를 바탕으로 고급 어휘 습득 및 활용 능력의 신장을 돕기 위해 기획되었다. 이 교재에서 다루는 한자어는 오늘날 한글 표기로 가려진 뜻글자로서의 한자가 다양한 단어와 결합하여 생산해 내는 과정을 중심으로 접미사나 접두사를 가지고 있는 한자어(파생어)의 생성 원리를 이해하고 이를 바탕으로 한자어 학습을 유의미하게 접근할 수 있도록 구성해 보았다.

또한 한국어 숙달도가 고급 단계에 이른 학습자들이 일상적인 맥락과 더불어 전문 영역으로 분류되는 정치, 경제, 사회, 문화 등의 다양한 맥락에서의 이해와 표현을 다루고 있는 읽기 자료를 제공하여 독해 과정을 통해 목표 한자어의 사용 양상에 대해서도 익힐 수 있도록 구성하였다.

본 교재는 사이버한국외국어대학교 한국어학부의 한국어전공에서 외국인 학생을 대상으로 하여 개설한 실용한자어 교과목의 주교재로 온라인 콘텐츠로 제공하는 강의와 함께 교재 내용을 자가 학습함으로써 다양한 맥락에서 사용되는 한자어를 이해하고 표현하는 능력을 신장할 수 있을 것이다.

이 교재를 편찬하기 위해 준비 기간부터 마무리 기간까지 원고를 꼼꼼하게 살펴보고 조언을 해 준 안유진(한국외대 일반대학원 박사과정) 선생에게 고마운 마음을 전하고 싶다. 또한 미흡한 원고를 다듬어 책으로 엮어주신 한국외국어대학교 지식출판콘텐츠원 관계자분들께 깊이 감사드린다.

2020년 3월 10일

지은이 박 기 선

contents

목차

외국인을 위한

실용한자어

01

다양한 사람들

다양한 사람들을 나타내는 한자 접미사 '-가(家)', '-객(客)', '-공(工)'을 이해하고 사용할 수 있다.

- 1강 : 재벌가(財閥家)
- 2강 : 등산객(登山客)
- 3강 : 숙련공(熟練工)

1강 재벌가(財閥家)

한자 접미사 "-가(家)"가 붙어서 "가족, 집안 등"을 나타내는 한자어가 됨을 이해하고 사용할 수 있다.

오늘의 한자는 무엇일까요?

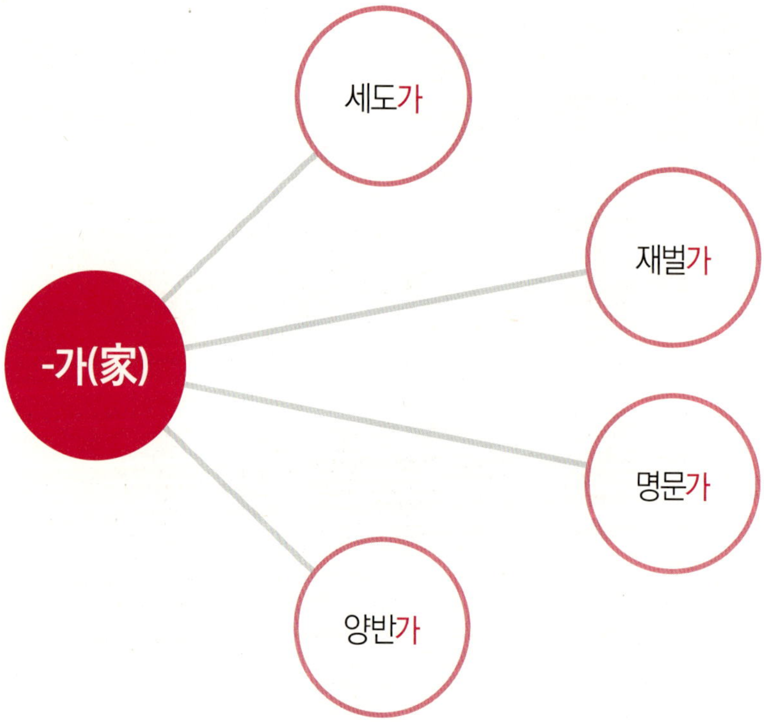

다음 신문 기사를 읽어 볼까요?

한국 양반가에서 쓰이던 '보료', 세계인을 홀리다

세계적인 디자인상인 iF 디자인 어워드 2018 가정용 가구 (Product-Home Furniture) 부문에서 본상을 수상한 "코리안 모던 보료".

한국 **양반가(兩半家)**에서 쓰던 보료를 현대적으로 재해석한 것이다. -중략-

다음 글을 읽어 볼까요?

명문가가 될 것인가, 멸문가가 될 것인가?

내 가정이 **명문가(名門家)**가 될 수도 **멸문가(滅門家)**가 될 수도 있습니다. 내가 형편없는 가문을 물려받은 건 내 탓이 아니지만 자녀에게 형편없는 가문을 물려주는 건 내 잘못입니다. 부모들이 정신 바짝 차려야 할 이유입니다.

우리들 세대에서 자녀들 세대로 이어지고 가문이 전수됩니다. 그게 바로 가정경영자의 중요한 역할입니다. 내가 어떻게 하느냐에 따라 내 가정이 **명문가(名門家)**가 될 수도 **멸문가(滅門家)**가 될 수도 있다는 생각에 정신이 번쩍 들지 않으세요? -중략-

✓ 오늘의 한자 "-가(家)"는 어떤 의미일까요?

오늘의 한자

한자	-家
한글	-가
뜻	• 가족 또는 가까운 일가로 이루어진 공동체 • 또는 그 사회적 지위

오늘의 한자와 한자어

재벌(財閥)
명문(名門)
양반(兩班)
세도(勢道)

\+ -가(家) 집안

→

재벌가(財閥家)	재벌 집안
명문가(名門家)	명문 집안
양반가(兩班家)	양반 집안
세도가(勢道家)	세도 집안

오늘의 한자 "-가(家)"를 연습해 볼까요?

✓ □에 알맞은 단어는 무엇일까요? 써 주세요.

1) 내 가정이 □□□(名門家)가 될 수도 □□□(滅門家)가 될 수도 있다

2) 한국의 □□□(兩班家)에서 쓰던 보료를 현대적으로 재해석한 것이다.

3) 내가 □□□(財閥家)에서 태어난다면 어떨까?

정답 1) 명문가, 멸문가 2) 양반가 3) 재벌가

✓ 여러분 나라에는 어떤 가문이 유명한가요? 여러분 나라의 유명한 가문을 소개해 주세요.

✓ 여러분 나라에도 재벌가(財閥家)가 있나요? 소개해 주세요.

2강 등산객(登山客)

한자 접미사 "-객(客)"이 붙어서 "손님 등"을 나타내는 한자어가 됨을 이해하고 사용할 수 있다.

오늘의 한자는 무엇일까요?

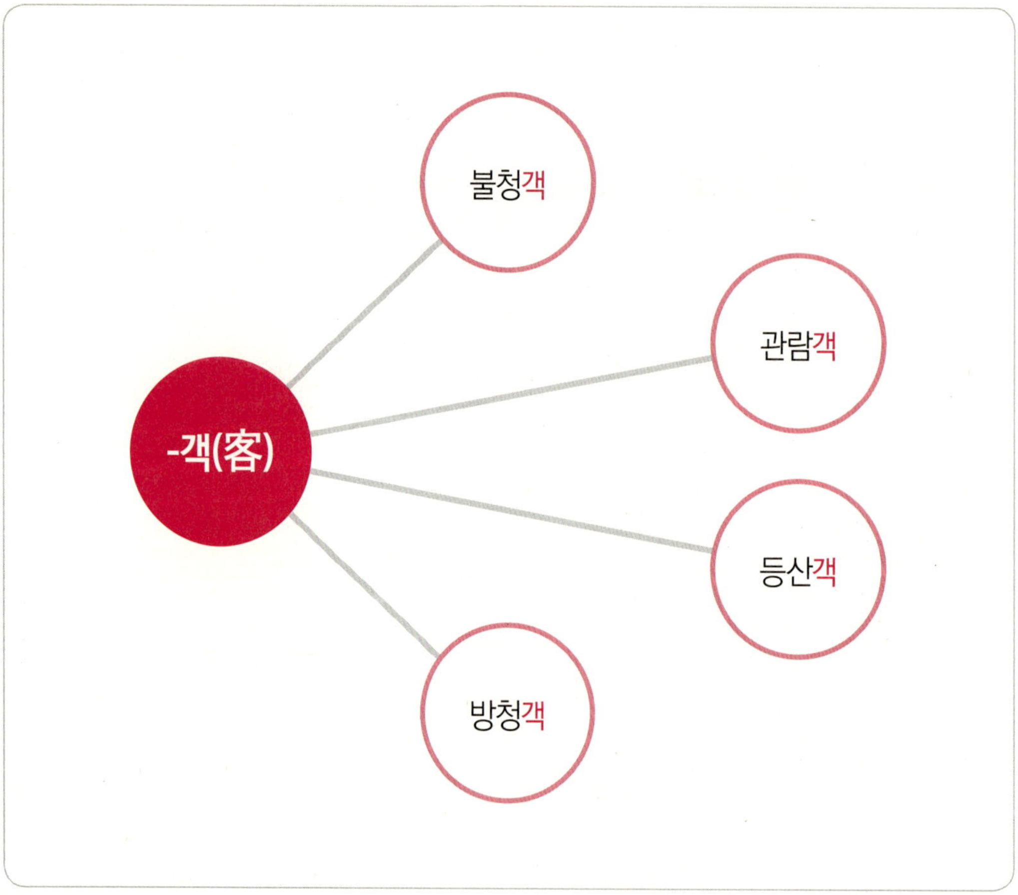

다음 신문 기사를 읽어 볼까요?

"춥다, 추워…겨울 불청객"
광주서 독감 바이러스 검출

인플루엔자 바이러스는 주로 환자의 기침이나 콧물 등을 통해 쉽게 감염된다. 1~4일 잠복기를 거쳐 발열과 두통, 전신쇠약감, 인두통, 코막힘, 기침 등 증세를 보인다. 겨울철 불청객(不請客) 독감은 구토, 설사 등 증상이 동반될 수 있으므로 주의가 필요하다. -중략-

다음 글을 읽어 볼까요?

문경사과축제 가족단위 관람객 성황

경북 문경시에서 지난 13일 개막한 문경사과축제가 가족단위 관광객(觀光客)들로부터 큰 인기를 끌고 있다. 특히 올해 축제는 '빨간 건 사과, 사과는 맛있어, 맛있는 건 문경사과'라는 구호를 앞세워 축제장을 구성해 지역민과 축제장을 찾은 **관람객(觀覽客)**이 함께 즐기도록 했다. -중략-

✓ 오늘의 한자 "-객(客)"은 어떤 의미일까요?

오늘의 한자

한자	-客
한글	-객
뜻	• 다른 곳에서 찾아온 사람 • 여관이나 음식점 따위의 영업하는 장소에 찾아온 사람

오늘의 한자와 한자어

등산(登山)
불청(不請)
관광(觀光)
관람(觀覽)

\+ **-객(客)**
손님

→

등산객(登山客)	등산 온 손님(사람)
불청객(不請客)	초대 안 한 손님(사람)
관광객(觀光客)	관광하는 손님(사람)
관람객(觀覽客)	관람하는 손님(사람)

오늘의 한자 "-객(客)"을 연습해 볼까요?

□에 알맞은 단어는 무엇일까요? 써 주세요.

1) 가을이 되어서 □□□(登山客)이 많아졌어요.

2) 겨울철 □□□(不請客) 독감은 구토, 설사 등 증상이 동반될 수 있다.

3) 축제는 가족 단위 □□□(觀光客)들로부터 큰 인기를 끌고 있다.

4) 공연장을 찾은 □□□(觀覽客)은 함께 즐길 수 있다.

정답 1) 등산객 2) 불청객 3) 관광객 4) 관람객

☑ 여러분 나라에서 외국인 관람객(觀覽客)이 가장 많이 찾는 곳은 어디인가요? 소개해 주세요.

☑ 여러분 나라를 찾은 관광객(觀光客)에게 인기가 많은 기념품(선물)은 무엇인가요? 소개해 주세요.

3강 숙련공(熟練工)

한자 접미사 "-공(工)"이 붙어서 "기술이 있는 사람"을 나타내는 한자어가 됨을 이해하고 사용할 수 있다.

오늘의 한자는 무엇일까요?

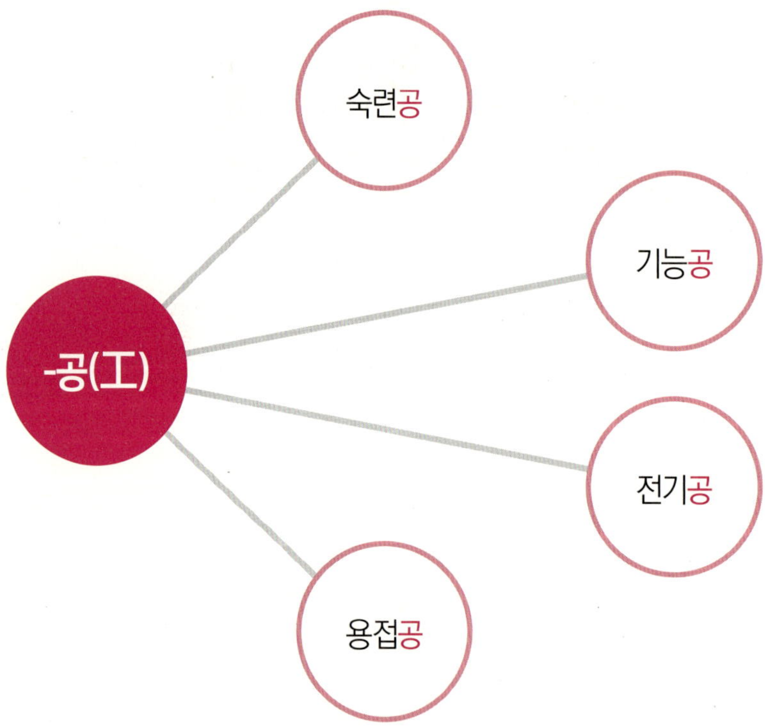

다음 신문 기사를 읽어 볼까요?

“10대들이여! 공학은 잊어라. 공예에 미래가 있다.”

이탈리아의 신세대는 전통적 수공에 작업을 멀리하는 추세이다. 펜디는 청년실업 해소책으로 젊은이들이 전통 기술을 익히고 **숙련공(熟練工)**이 되도록 돕는 프로그램을 추진하고 있다. -중략-

다음 글을 읽어 볼까요?

왼팔로 만든 세상 단 하나의 신발

"20년 전 열차 사고로 오른팔 잃어 장애가 생기니까 장애인이 눈에 들어왔어요. 그때부터 내 신발 주인이 바뀌었죠. 양쪽 다리 10㎝ 이상 차이나는 사람, 자식에게도 숨기는 발 보여주는 사람..다양한 신발 만들며 고통도 함께 나눠 "남은 세상 밝게 살아야죠" 구두장이 자부심으로 한평생 살았어요. 장애 때문에 비관하는 사람들 위해 제화 **기능공(技能工)** 양성소를 여는 게 꿈이에요." –중략-

✓ 오늘의 한자 "-공(工)"은 어떤 의미일까요?

오늘의 한자

한자	-工
한글	-공
뜻	• 어떤 분야에 전문적 기술을 가진 사람 • 손으로 물건을 만드는 일을 직업으로 하는 사람

오늘의 한자와 한자어

숙련(熟練)
기능(技能)
용접(鎔接)
전기(電氣)

\+ -공(工) 기술자

→

숙련공(熟練工) 숙련된 기술이 있는 사람
기능공(技能工) 기술과 능력이 있는 사람
용접공(鎔接工) 녹여서 붙이는 기술이 있는 사람
전기공(電氣工) 전기 기술이 있는 사람

오늘의 한자 "-공(工)"을 연습해 볼까요?

✓ □에 알맞은 단어는 무엇일까요? 써 주세요.

1) 이 유리 공장에는 20년 이상 근무한 유리 □□□(熟練工)이 전체 직원 중 약 50%나 된다.

2) 우리 오빠는 쇠나 유리를 붙이는 □□□(鎔接工)인데, 10년 동안 열심히 일해서 집을 샀어요.

3) 장애 때문에 비관하는 사람들 위해 제화 □□□(技能工) 양성소를 여는 게 꿈이에요.

4) 전기공사업계에서는 전기 기술자인 □□□(電氣工)을 양성하기 위해 전문대학 설립에 관심을 가지고 있다.

정답 1) 숙련공 2) 용접공 3) 기능공 4) 전기공

✓ 여러분 나라에는 어떤 기술이 유명한가요? 옛날부터 전해오는 전통 기술이 있으면 소개해 주세요.

✓ 요즘은 어떤 분야의 기능공(技能工, 장인)이 인기가 많을까요? 왜 그렇게 생각해요? 여러분의 생각을 써 주세요.

02

일과 직업

어떤 일과 직업에 종사하는 사람들을 나타내는 한자 접미사 '-관(官)'과 '-사(士)'를 이해하고 사용할 수 있다.

- 1강 : 경찰관(警察官)
- 2강 : 변호사(辯護士)

1강 경찰관(警察官)

한자 접미사 "-관(官)"이 붙어서 "경찰관, 감독관 등"을 나타내는 한자어가 됨을 이해하고 사용할 수 있다.

✓ 오늘의 한자는 무엇일까요?

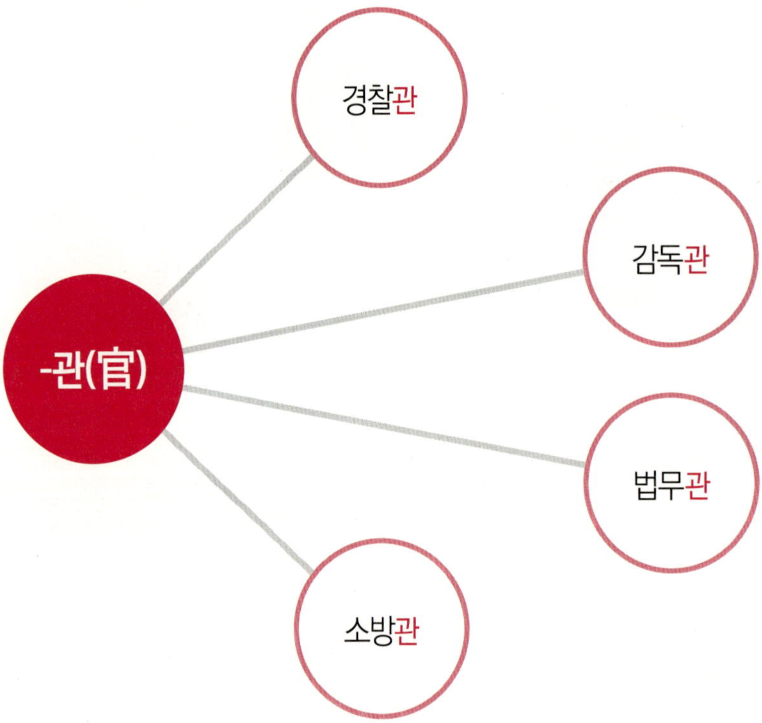

다음 신문 기사를 읽어 볼까요?

"수능 감독관 안 할래요"… 교단서 벌어진 '눈치게임'

경기 용인시의 한 고등학교에 근무 중인 A(36) 교사는 얼마 전 동료 교사들과 작은 실랑이가 벌어진 이후 아직까지 서먹하게 지내고 있다. 올해 대학수학능력시험(수능) **감독관(監督官)** 지원을 놓고 일종의 '눈치게임'이 벌어진 것. A 교사는 "허리가 조금 아파서 진단서를 내고 빠질까 했지만 이미 상당수 교사가 못 하겠다며 버티고 있었고, 미혼이라는 이유만으로 3년째 **감독관(監督官)**을 맡는다"고 털어놨다. -중략-

다음 글을 읽어 볼까요?

법무관 최초 '여 장군' 이은수 고등군사법원장

제1호 여성 '군법무관(軍法務官)'으로 시작해 '법무병과 최초의 여성장군'이 된 이은수국방부 고등군사법원장을 만났다. 1991년 최초의 여성 군법무관(軍法務官)으로 임관(任官)한 이후 보통군사법원장, 고등검찰부장, 법무실장을 거쳐 고등군사법원장에 임명되며 '여군 최초'라는 수식어를 경신해 온 그에게 지난 순간들은 항상 도전이고 개척이었다.

이 법원장은 "처음 가는 사람으로서 매 순간 길을 여는 일이 쉽지만은 않았다"며 "혼자여서 외로웠던 적이 참 많았다"고 말했다. 군인이자 법률가이자 '엄마'인 그는 "무엇보다 육아 문제를 해결하는 일이 가장 힘들었다"고 돌아봤다. - 중략 -

✓ 오늘의 한자 "-관(官)"은 어떤 의미일까요?

오늘의 한자

한자	-官
한글	-관
뜻	• 벼슬을 하는 사람 • 공적인 직책을 맡은 사람

오늘의 한자와 한자어

감독
경찰
법무
소방
+ -관(官) 관리자

→

감독관(監督官)	지휘와 단속을 하는 직책을 맡은 사람
경찰관(警察官)	경계하고 살피는 공무를 맡은 사람
법무관(法務官)	육해공군의 법무 병과 소속의 장교로 군사 법원의 군 판사 업무나 검찰 업무를 맡은 사람
소방관(消防官)	화재를 진압하거나 예방하는 공무를 맡은 사람

오늘의 한자 "-관(官)"을 연습해 볼까요?

□에 알맞은 단어는 무엇일까요? 써 주세요.

1) 올해 수능 □□□(監督官) 지원을 놓고 교단에서는 눈치게임이 벌어지고 있다.

2) 이은수 씨는 1991년 최초의 여성 □□□□(軍法務官)으로 임관되었다.

3) 화재 진압과 예방을 제대로 익혀 어떤 현장도 해결하는 만능 □□□(消防官)이 되고 싶다.

정답 1) 감독관 2) 군법무관 3) 소방관

✓ 여러분 나라에는 어떤 기관이나 관청에서 일하는 사람들이 국민들에게 사랑을 받고 있나요? 소개해 주세요.

✓ 여러분은 어떤 기관이나 관청에서 일하고 싶은가요? 이유가 무엇인가요? 써 주세요.

2강 변호사(辯護士)

한자 접미사 "-사(士)"가 붙어서 "변호사 등"을 나타내는 한자어가 됨을 이해하고 사용할 수 있다.

오늘의 한자는 무엇일까요?

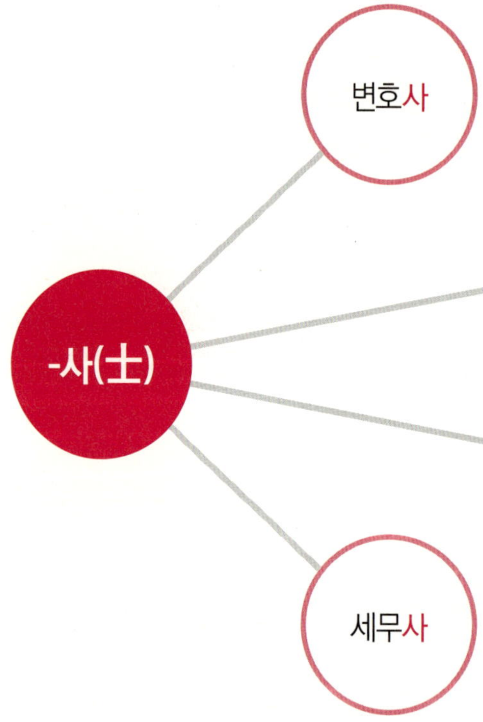

다음 신문 기사를 읽어 볼까요?

회계사 사위와 강남 전세 이야기

"자네! 신혼집 장만할 돈은 있나?" -예비장모

"아직 회계사(會計士) 2년 차라 전셋집도 빠듯합니다." -예비사위

"전세로 하려면 강남의 30평대로 준비하시게." -예비장모

"사업하시는 아버지 도움을 좀 받아보겠습니다." -예비사위 -중략-

다음 글을 읽어 볼까요?

"변리사는 전문직 중 가장 행복한 사람을 만나는 직업"

특허법인 사무실에는 보통 변리사(辨理士) 1명당 3명의 직원이 함께 일한다. 이공계 석·박사 학위가 있거나 어학능력이 뛰어난 직원들이 변리사(辨理士)를 도와 기술을 분석하고 외국의 특허 관련 사무를 처리한다.

의사는 아픈 사람을 상대한다. 변호사(辯護士)는 죄를 지은 혐의를 받거나 억울한 처지에 놓인 사람을 상대한다.

변리사(辨理士)는 이제 막 새로운 기술을 개발해 꿈에 부풀어 있는 사람을 상대한다. "전문직 중에 가장 행복한 사람을 만나는 직업이 변리사(辨理士)라고 생각해요." 대한변리사회 공보이사를 맡고 있는 이원일 변리사(辨理士)의 말이다. -중략-

✔ 오늘의 한자 "-사(士)"는 어떤 의미일까요?

오늘의 한자

한자	-士
한글	-사
뜻	• 선비, 양반 • 전문 분야에 종사하는 전문 직업인

오늘의 한자와 한자어

변호
회계
변리
세무
\+ -사(士) 전문 직업인 ➡

변호사(辯護士) 법률에 관한 업무에 종사할 수 있는 법적 자격을 갖춘 사람
회계사(會計士) 회계에 관한 업무를 전문적으로 할 수 있는 법적 자격을 갖춘 사람
변리사(辨理士) 특허, 실용신안 및 상표 등에 대한 사무를 대리하거나 감정할 수 있는 법적 자격을 갖춘 사람
세무사(稅務士) 세금 업무에 관한 일을 대리하거나 상담할 수 있는 법적 자격을 갖춘 사람

오늘의 한자 "-사(士)"를 연습해 볼까요?

□에 알맞은 단어는 무엇일까요? 써 주세요.

1) 아직 □□□(會計士) 2년 차라 전셋집도 빠듯합니다.

2) □□□(辯護士)는 죄를 지은 혐의를 받거나 억울한 처지에 놓인 사람을 상대한다.

3) □□□(辨理士)는 이제 막 새로운 기술을 개발해 꿈에 부풀어 있는 사람을 상대한다.

4) □□□(稅務士)는 세금 업무에 관한 일을 대리하거나 상담할 수 있는 법적 자격을 갖춘 사람이다.

정답 1) 회계사 2) 변호사 3) 변리사 4) 세무사

✓ 여러분 나라에서는 변호사(辯護士)가 되려면 어떻게 해야 하나요? 소개해 주세요.

✓ 여러분 나라에는 어떤 전문 직종이 있나요? 소개해 주세요.

03

공간과 범위

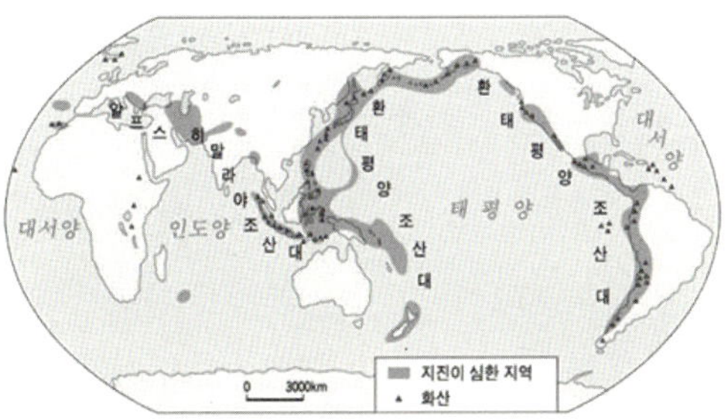

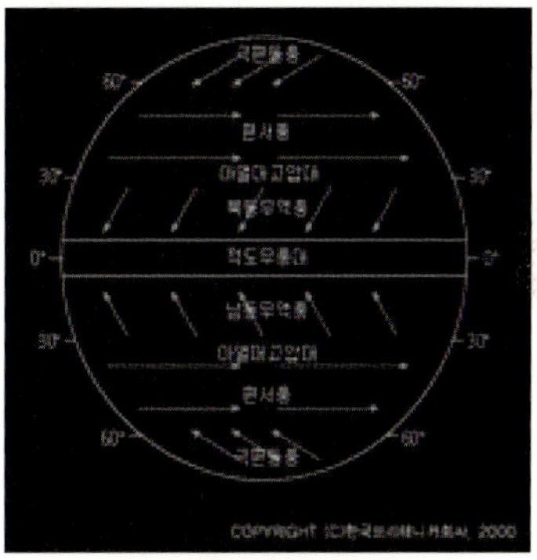

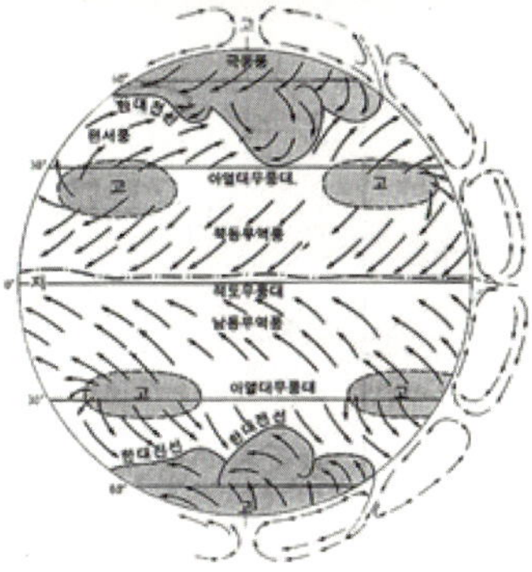

공간과 범위를 나타내는 한자 접미사 '-권(圈)'과 '-대(帶)'를 이해하고 사용할 수 있다.

- 1강 : 상위권(上位圈)
- 2강 : 화산대(火山帶)

1강 상위권(上位圈)

한자 접미사 "-권(圈)"이 붙어서 한정된 일정한 구역이나 지역(범위)을 나타내는 단어가 됨을 이해하고 사용할 수 있다.

오늘의 한자는 무엇일까요?

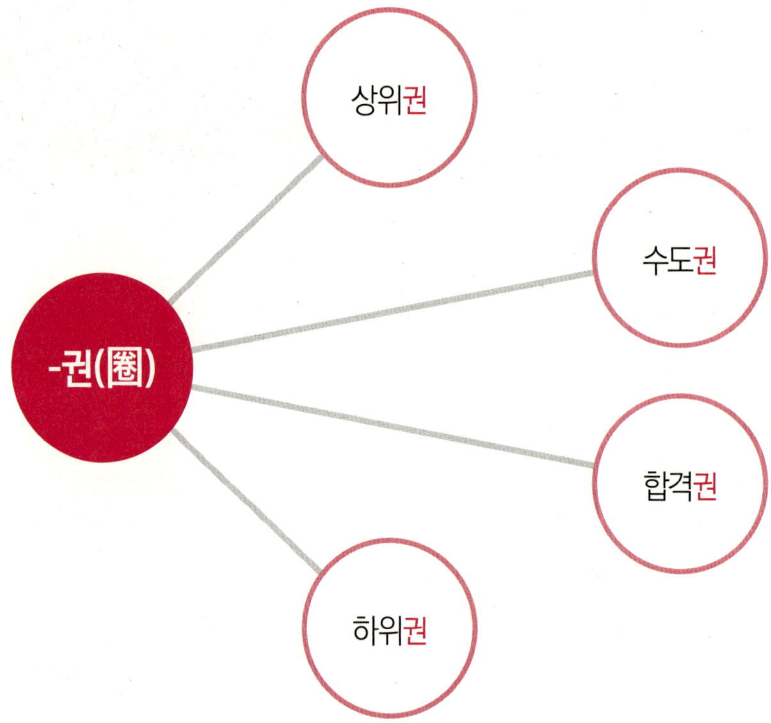

다음 신문 기사를 읽어 볼까요?

수도권 내 접근성 높아진다…
인천~시흥, 김포~강서 BRT 구축

2027년이면 인천~시흥, 김포~강서 간선버스 급행체계 (BRT, Bus Rapid Transit)가 구축돼 인천의 **수도권(首都圈)** 접근성이 높아질 전망이다. -중략-

BRT시스템은 지하철에 비해 건설비용은 10분의 1 수준에 불과하지만 지하철 못지 않게 정시성과 편리성이 뛰어난 첨단 버스체계로, 미국 유럽 등 세계 40여 개 도시에서 시행되고 있다.

다음 글을 읽어 볼까요?

인사담당자 40% "합격권 자소서라도 맞춤법 실수 반복 시 탈락"

인사 담당자 5명 중 2명이 '맞춤법 실수가 반복되면 **합격권(合格圈)**의 자소서라고 해도 탈락시킨다'고 밝혔다. 반복과 상관 없이, '맞춤법을 틀리는 경우 무조건 탈락시킨다'고 밝힌 인사담당자도 4.7%로 나타났다. 맞춤법을 틀린 지원서에 대해 탈락 처리를 한다고 밝힌 인사담당자들은 그 이유로 '맞춤법은 상식, 기본 소양에 해당하기 때문(40.4%)'을 꼽았다.

또 '부주의하고 꼼꼼치 못해 보여서(27.6%)', '회사에 대한 열의, 성의가 없어 보여서(15.5%)', '각종 보고서, 자료 작성 등 실무에 있어서도 같은 실수를 할테니까(12.1%)', '커뮤니케이션 등 기본 언어능력의 한 부분이 떨어진다고 간주할 수 있어서(3.7%)' 등의 응답이 이어졌다. -중략-

✓ 오늘의 한자 "-권(圈)"은 어떤 의미일까요?

오늘의 한자

한자	-圈
한글	-권
뜻	• 범위, 그 테두리 • 그 범위에 속하는 지역 또는 공간

오늘의 한자와 한자어

상위(上位)
하위(下位)
수도(首都)
합격(合格)

\+ **-권(圈)** **지역, 범위** →

상위권(上位圈)	높은 위치나 지위에 속하는 범위
하위권(下位圈)	낮은 위치나 지위에 속하는 범위
수도권(首都圈)	수도를 중심으로 이루어진 대도시 지역
합격권(合格圈)	시험, 검사, 심사 따위에서 합격하기 위한 성적의 범위

오늘의 한자 "-권(圈)"을 연습해 볼까요?

□에 알맞은 단어는 무엇일까요? 써 주세요.

1) 이번 시험에서는 평균 80점 이상이 □□□(合格圈)이다.

2) □□□(首都圈)에 인구가 밀집되어 있어서 교통난이 심각하다.

3) 이번에 우리 팀은 하위권(下位圈)이지만 열심히 노력하면 □□□(上位圈)에 도전할 수 있을 거예요.

정답 1) 합격권 2) 수도권 3) 상위권

✓ 여러분 나라의 수도권(首都圈)은 다른 지역에 비해 어떤 특징이 있나요? 소개해 주세요.

✓ 여러분은 어떤 분야에서 상위권(上位圈)이 되고 싶어요? 그 이유가 무엇인가요? 써 주세요.

2강 화산대(火山帶)

한자 접미사 "-대(帶)"가 붙어서 일정한 범위의 부분을 나타내는 단어가 됨을 이해하고 사용할 수 있다.

오늘의 한자는 무엇일까요?

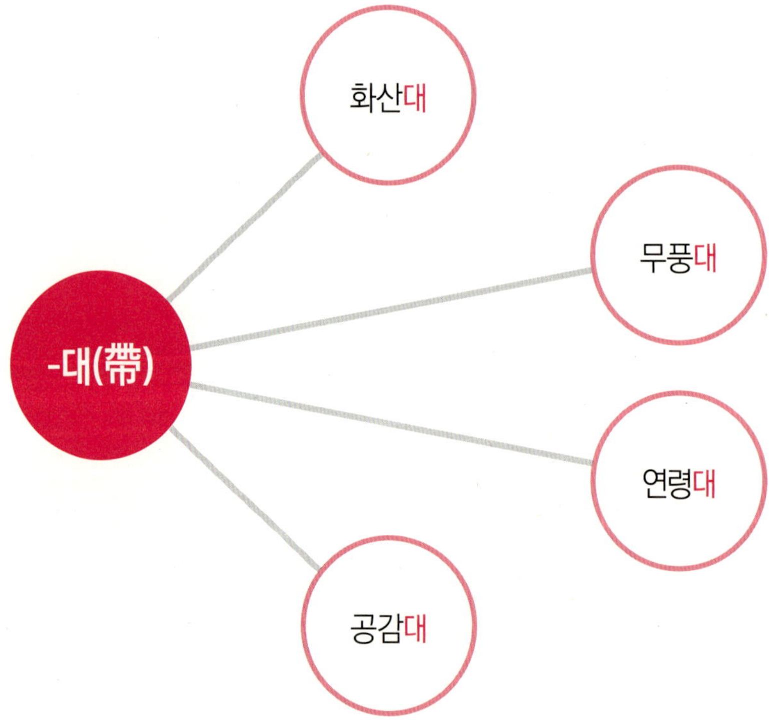

다음 신문 기사를 읽어 볼까요?

스마트폰 중독 연령대 계속 낮아지고 있다.

청소년의 스마트폰 중독의 위험성이 갈수록 커지고 있다. 중·고등학생의 스마트폰 평균 이용시간이 전체 연령 평균보다 높게 나타났고, 초등저학년생의 스마트폰 이용시간은 가장 큰 폭으로 증가하고 있다.

9일 정보통신정책연구원이 발간한 '어린이와 청소년의 휴대폰 보유 및 이용행태 분석' 보고서에 따르면, 중·고등학생의 스마트폰 이용량은 하루 평균 약 2시간으로 전체 **연령대(年齡帶)** 평균 사용량(1시간 43분)보다 높게 나타났다. -중략-

다음 글을 읽어 볼까요?

인간과 날씨가 만들어내는 예술… 아주 기묘한 날씨

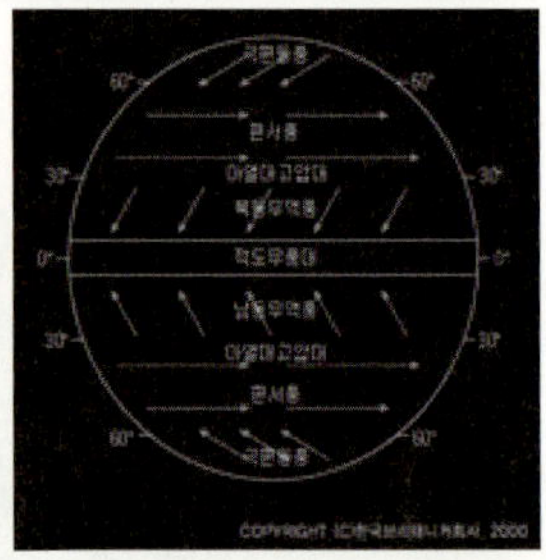

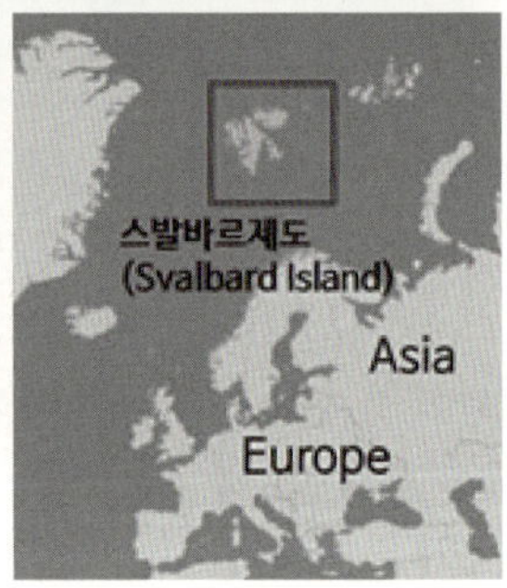

다양한 사람들이 증언하는 날씨는 때론 기이하고 때로는 아름답다. 이 책에는 7년에 한 번 비가 올 때마다 온갖 생명이 약동하는 아타카마사막, 겨우내 지평선 위로 단 한줄기 태양 광선도 올라오지 않는다는 극지방의 스발바르제도, 바다 위에서 바람 한 점 불지 않는 **무풍대(無風帶)** 등 지구 곳곳의 신비로운 기상 현상이 가득 담겼다. -중략-

* 아타카마사막 : 『지명』 칠레 북부에 있는 사막. 안데스 산맥과 코스트 산맥 사이에 있으며, 남북으로 1,000km에 걸쳐 이루어진 길쭉한 형태로 세계 제일의 초석(硝石)이 매장되어 있다. 면적은 8,000㎢.

✓ 오늘의 한자 "-대(帶)"는 어떤 의미일까요?

오늘의 한자

한자	-帶
한글	-대
뜻	• 띠 모양의 범위 • 일정한 범위의 띠 모양의 구역, 공간

오늘의 한자와 한자어

화산(火山)
무풍(無風)
연령(年齡)
공감(共感)

\+ **-대(帶)** **띠 모양의 범위, 지역**

→

화산대(火山帶)	화산이 띠 모양으로 분포한 지대
무풍대(無風帶)	바다에서 일 년 내내 바람이 거의 없는 지역
연령대(年齡帶)	비슷한 나이에 있는 사람들 범위
공감대(共感帶)	다른 사람과 의견, 감정, 생각, 처지 등이 서로 같다고 느끼는 부분

오늘의 한자 "-대(帶)"를 연습해 볼까요?

□에 알맞은 단어는 무엇일까요? 써 주세요.

1) 지구의 □□□(火山帶)는 환태평양 □□□(火山帶)와 지중해 □□□(火山帶) 등이 대표적이다.

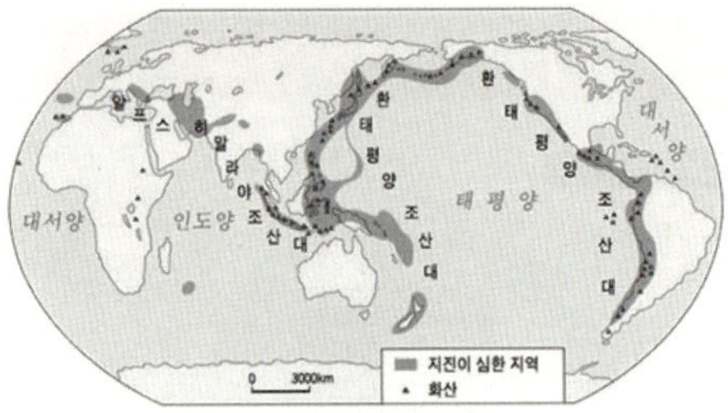

2) 적도 부근에 있는 적도 □□□(無風帶)와 위도 30~35도 부근에 있는 회귀 □□□(無風帶)는 일년 내내 거의 바람이 없는 지역이다.

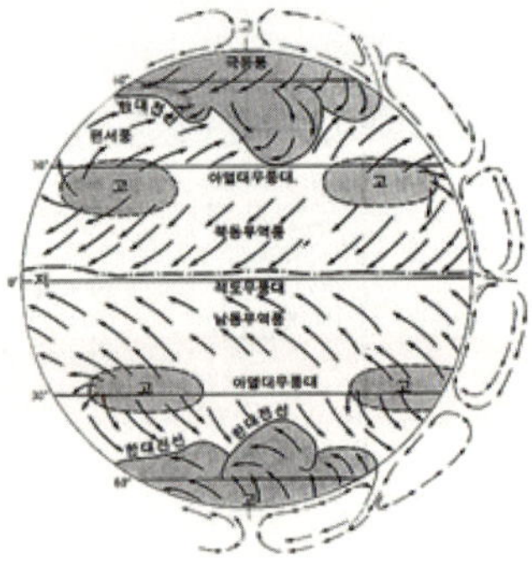

3) 미국국립수면재단에서는 □□□(年齡帶)별 권장 수면 시간을 다음과 같이 제시하고 있다.

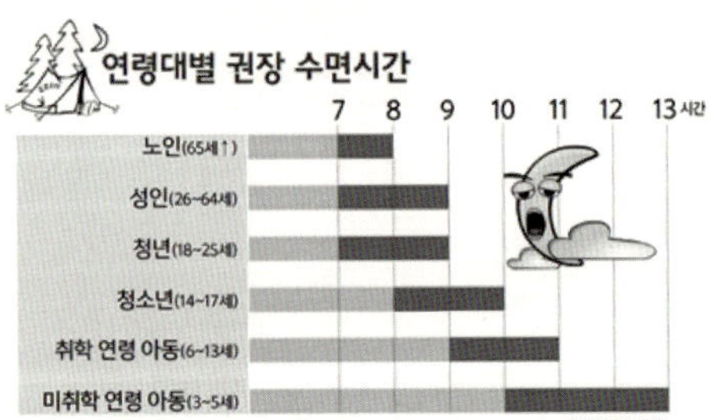

4) 비슷한 연령대의 사람을 만나면 쉽게 □□□(共感帶)가 형성된다.

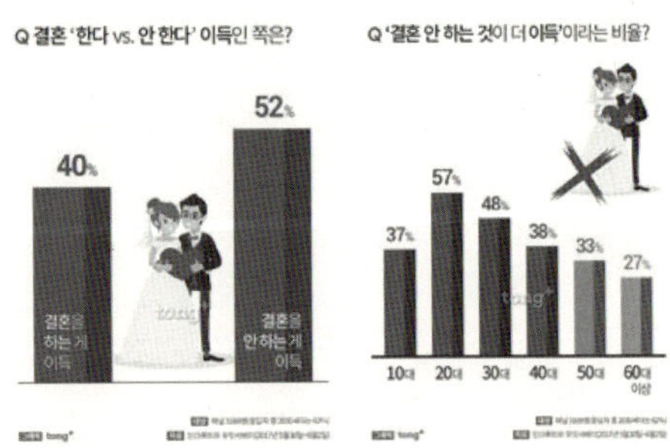

정답 1) 화산대 2) 무풍대 3) 연령대 4) 공감대

✓ 여러분 나라는 지구의 어느 지대(地帶)에 위치하고 있나요? 어떤 기후인가요? 소개해 주세요.

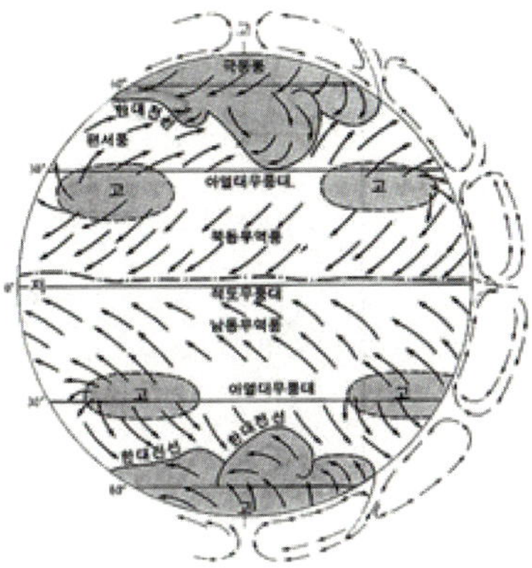

✓ 여러분은 어떤 사람과 만나면 공감대(共感帶)가 잘 형성되나요? 소개해 주세요.

04

사람과 공간

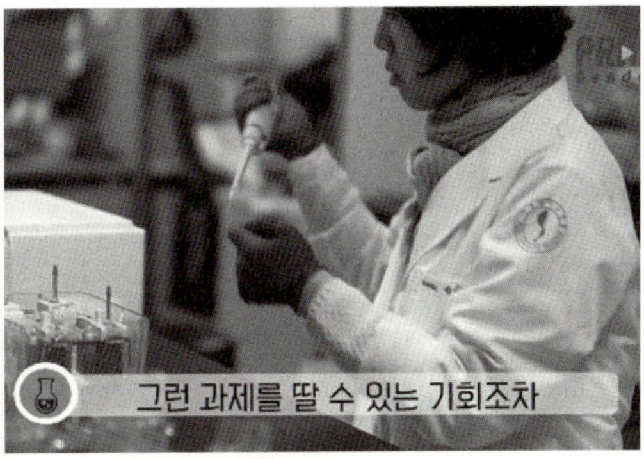

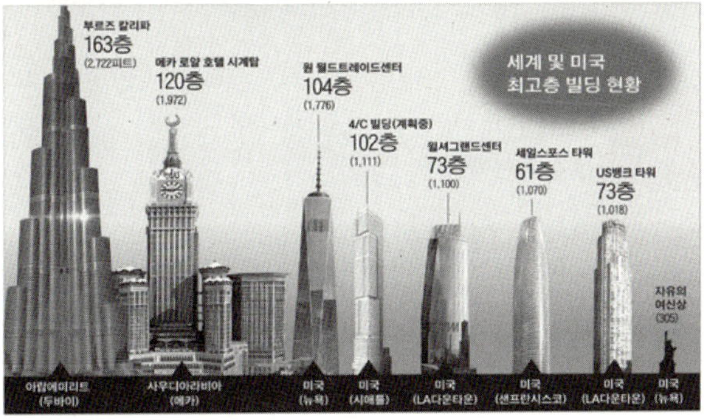

사람을 나타내는 한자 접미사 '-자(者)'와 공간을 나타내는 한자 접두사 '초(超)-'를 이해하고 사용할 수 있다.

- 1강 : 과학자(科學者)
- 2강 : 초고층(超高層)

1강 과학자(科學者)

한자 접미사 "-자(者)"가 붙어서 어떤 분야의 전문적인 사람을 나타내는 단어가 됨을 이해하고 사용할 수 있다.

오늘의 한자는 무엇일까요?

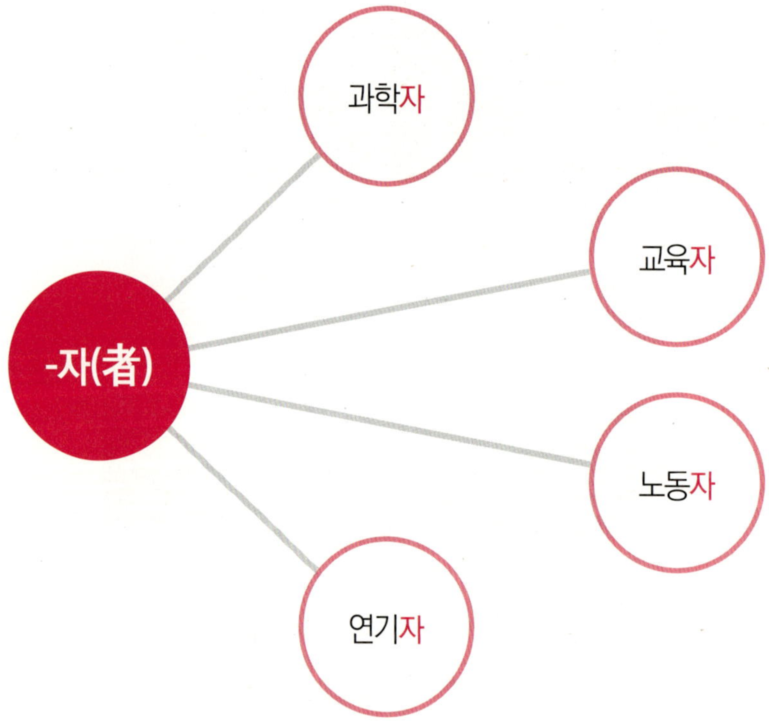

다음 신문 기사를 읽어 볼까요?

나, 1000대 1 뚫은 프로 연기자...
수백 대 일 경쟁률은 기본…캐스팅 비화

이들 아역 배우는 상상을 초월한 엄청난 경쟁률을 뚫고 배역을 따낸 실력파 **연기자(演技者)**들이다. 영화 '지금 만나러 갑니다'에서 지호 역의 김지환은 줄잡아 500~600명의 경쟁자를 물리쳤고, 영화 '덕구'에서 덕구 역의 정지훈은 무려 1000대 1의 바늘구멍을 뚫었다. -중략-

다음 글을 읽어 볼까요?

노동의 가치를 다시 생각해 보면 - 감정노동 시대

"감정노동은 이제 더 이상 특정 유형의 **노동자(勞動者)**들에게만 나타나는 특수한 현상이 아닙니다. 후기 산업사회 전반에 나타나는 일반적인 노동의 한 현상입니다. 그러므로 겪고 있는 당사자에게만 이 문제를 미뤄둘 게 아니라, 사회 전체가 같이 고민해야 합니다. 감정과 사회 문제가 근본적이고 본질적으로 연결되어 있음을 인식하고 문제 제기를 해야 합니다." -중략-

✓ 오늘의 한자 "-자(者)"는 어떤 의미일까요?

오늘의 한자

한자	-者
한글	-자
뜻	• 특정한 분야에 전문성을 가지고 종사하는 사람 • 어떤 분야의 일을 직업으로 하는 사람

오늘의 한자와 한자어

과학(科學)
교육(敎育)
노동(勞動)
연기((演技)

\+ -자(者) 사람

→

과학자(科學者) 과학을 연구하는 사람
교육자(敎育者) 교육에 종사하는 사람
노동자(勞動者) ① 육체노동으로 임금을 받는 사람
② 노동의 대가(對價)로 보수를 받고 일하는 사람
연기자(演技者) 드라마, 영화 등에서 연기를 하는 사람

오늘의 한자 "-자(者)"를 연습해 볼까요?

✔ □에 알맞은 단어는 무엇일까요? 써 주세요.

1) 이들 아역배우는 엄청난 경쟁률을 뚫고 배역을 따낸 실력파 □□□(演技者)들이다.

2) 감정노동은 이제 더 이상 특정 유형의 □□□(勞動者)들에게만 나타나는 특수한 현상이 아닙니다.

3) 김길동 교장은 초·중·고교를 나오지 못한 이들을 위해 봉사하는 숨은 □□□(教育者)로 통한다.

4) 전세계 치매 환자의 절반 이상이 아시아 지역 국가에서 발생하고 있는 가운데, 한·중·일 치매 분야의 □□□(科學者)들이 아시아인의 치매 극복을 위한 동맹을 결성했다.

정답 1) 연기자 2) 노동자 3) 교육자 4) 과학자

✓ 여러분 나라에서 가장 존경받는 과학자(科學者)는 누구인가요? 소개해 주세요.

✓ 여러분 나라에서 요즘 가장 인기가 많은 연기자(演技者)는 누구인가요? 소개해 주세요.

2강 초고층(超高層)

한자 접두사 "초(超)-"가 붙어서 '어떤 범위를 넘어선'의 의미를 나타내는 단어가 됨을 이해하고 사용할 수 있다.

오늘의 한자는 무엇일까요?

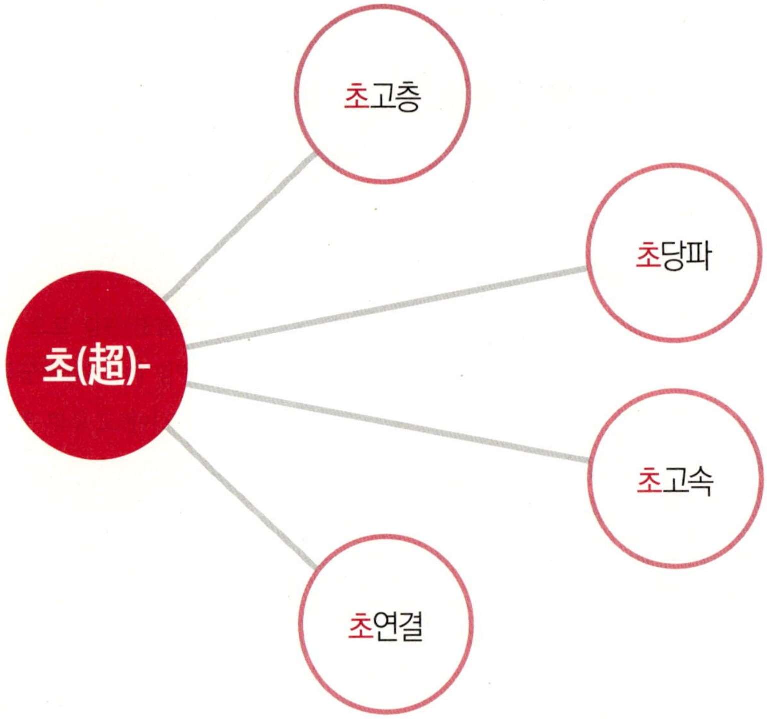

다음 신문 기사를 읽어 볼까요?

"집에서는 정치 애기 안 하기로", '초당파 로맨스' 일본 여야 의원 결혼

일본에서 집권 자민당 소속 의원과 제 1야당 소속 의원이 결혼해 화제다. 두 사람은 지난해 가을 헌법 문제를 논의하는 **초당파(超黨派)** 모임에 참석하면서 사귀기 시작했다. 총리는 두 사람의 결혼 사실을 전해 듣고 "하야시 의원이 자민당으로 당적을 옮기면 어떠냐"고 제안했으나, 하야시 의원은 "당을 옮길 생각은 없다. 다음 선거에서도 민주당 후보로 뛸 것이다"라고 말했으며 "두 사람이 집에서는 정치 이야기는 하지 않기로 했다"고 전했다. -중략-

다음 글을 읽어 볼까요?

초고속, 초연결 시대의 차세대 교통을 만드는 나노기술

자동차를 타고 운전은 신경 쓰지 않고 영화를 보거나 노트북으로 업무를 보는 일이 이제 머지 않았다. 골드만삭스는 10년 내에 자율주행차가 상용화될 것이며, 2025~2030년에 자율주행차가 전체 자동차 판매량의 20%를 차지할 것이라고 전망했다.

자율주행차는 교통상황에 대한 모든 정보를 **초고속(超高速)**으로 주고받아야 한다. 당연히 자율주행차에 달린 각종 센서만으로는 역부족이다. 이에 대한 해결책으로 차량과 사물 간 **초연결(超連結)** 시스템(V2X)이다. 차량 간 연결(V2V), 차량과 교통인프라(V2I), 이동단말기(V2P) 등 모든 사물과의 연결을 통칭한다. 이렇게 수많은 네트워크로 연결된 자율주행차를 '커넥티드 카'라고 한다. -중략-

✓ 오늘의 한자 "초(超)-"는 어떤 의미일까요?

오늘의 한자

한자	超-
한글	초-
뜻	• 어떤 범위를 넘어선 • 어떤 범위를 넘어선 정도가 심한

오늘의 한자와 한자어

초(超)- 어떤 범위를 넘어선 + 고층(高層) 당파(黨派) 고속(高速) 연결(連結) ➡

초고층(超高層)	건물의 층수가 매우 높은 것
초당파(超黨派)	당파적 이해를 뛰어넘어서 모든 당파가 같은 태도를 보임
초고속(超高速)	범위를 벗어나 심하게 빠른 속도
초연결(超連結)	여러 기기가 실시간으로 매우 빠르게 이어짐

오늘의 한자 "초(超)-"를 연습해 볼까요?

✓ □에 알맞은 단어는 무엇일까요? 써 주세요.

1) 미래도시는 □□□(超高層) 빌딩이 들어서는 수직도시가 될 것으로 보인다.

2) 뉴욕시~워싱턴 DC를 30분 안에 주파할 수 있는 □□□(超高速)진공열차 '하이퍼루프'(Hyperloop)프로젝트의 추진이 탄력을 받고 있다.

3) □□□(超連結)은 여러 기기가 실시간으로 빠르게 연결되는 것을 의미합니다.

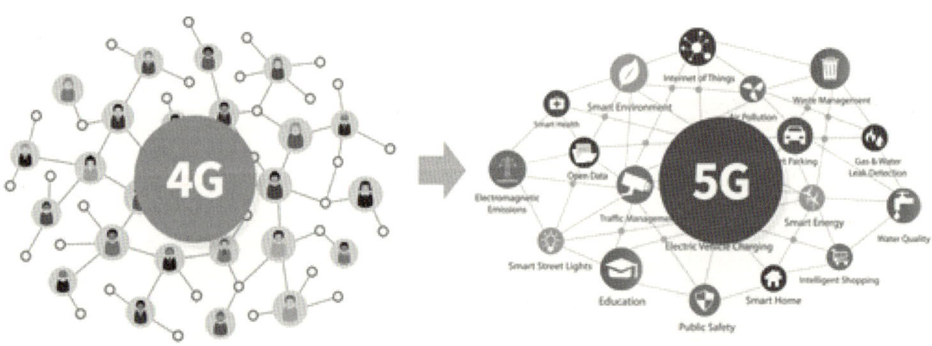

인간 중심의 네트워크 시대   사람과 사물의 초 연결 시대

정답 1) 초고층 2) 초고속 3) 초연결

✓ 여러분 나라의 가장 높은 초고층(超高層) 건물은 무엇인가요? 소개해 주세요.

✓ 초연결(超連結) 시대에 대한 여러분의 생각은 어때요? 기대가 되는 점과 우려가 되는 점에 대해 발표해 주세요.

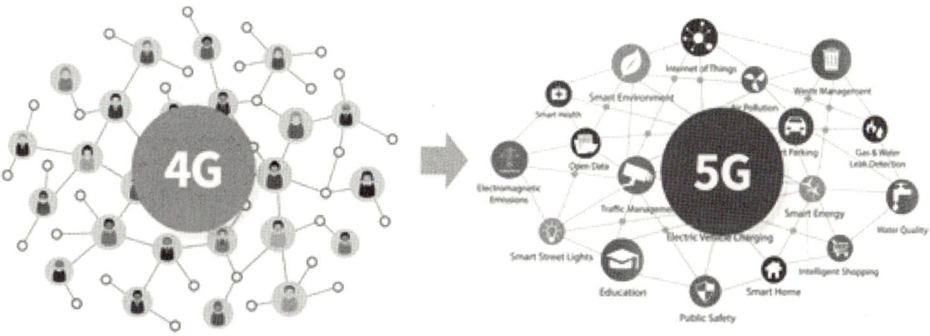

인간 중심의 네트워크 시대 사람과 사물의 초 연결 시대

05

원산지와 산업

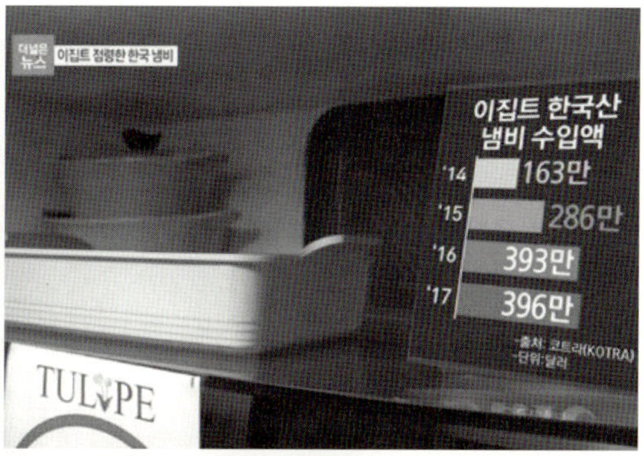

원산지를 나타내는 한자 접미사 '-산(產)'과 어떤 분야의 사업이나 산업을 나타내는 한자 접미사 '-업(業)'을 이해하고 사용할 수 있다.

- 1강 : 한국산(韓國產)
- 2강 : 관광업(觀光業)

1강 한국산(韓國産)

한자 접미사 "-산(産)"이 붙어서 거기에서 또는 그때에 산출된 물건을 나타내는 단어가 됨을 이해하고 사용할 수 있다.

오늘의 한자는 무엇일까요?

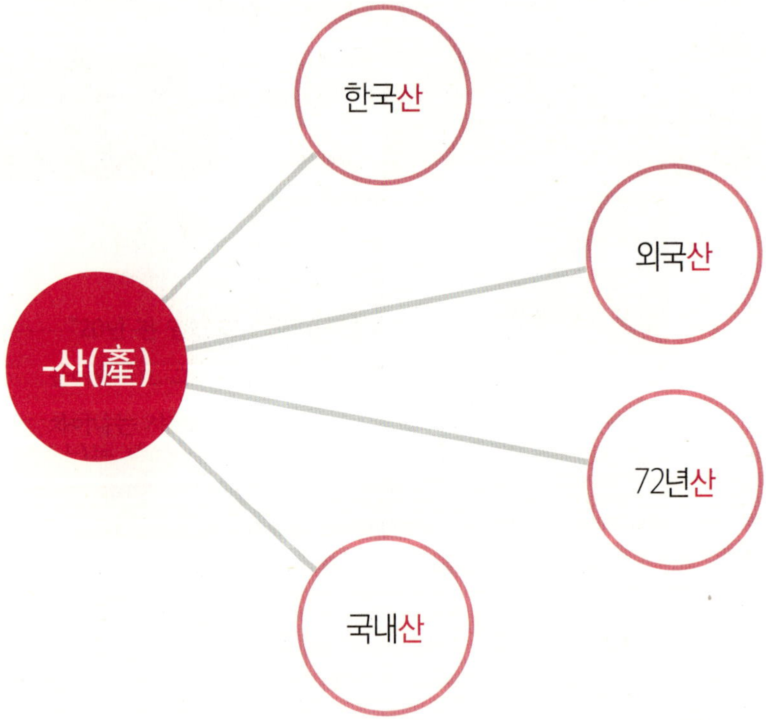

다음 신문 기사를 읽어 볼까요?

"남들처럼 집 사느니 날 위해 쓴다" 2030 파이 세대 개성-자기행복-경험 중시 경향

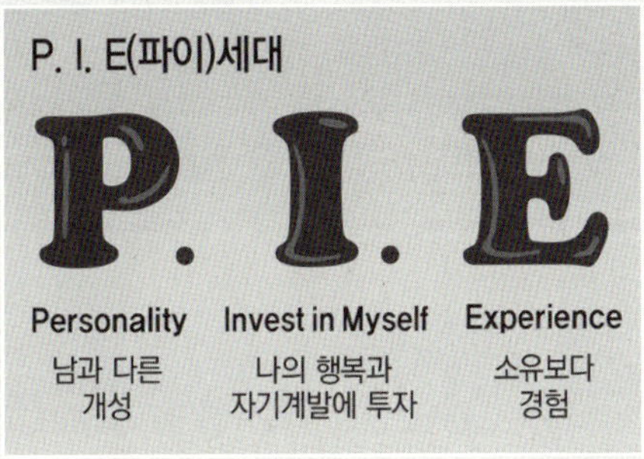

올해 명품 브랜드, **외국산(外國産)** 수입차, 여행 시장 등의 성장은 일명 '파이(P.I.E)세대'로 불리는 20, 30대가 이끈 것으로 나타났다. 본보가 28일 국내 주요 백화점 4곳의 명품 브랜드 매출 실적을 조사한 결과 20, 30대 매출 신장률은 각각 30.2%, 15.7%였다. -중략-

20, 30대(1980~2000년대 출생)를 지칭하는 파이세대란 소비시장의 트렌드를 실질적으로 이끄는 세대로 △남과 다른 개성(Personality)을 중시하고 △나의 행복과 자기계발에 투자(Invest in Myself)하며 △소유보다 경험(Experience)을 위해 실속 있는 소비를 하는 특징을 갖고 있는 것으로 나타났다. 파이세대는 현재 국내 인구의 약 40%를 차지하며 절반 이상이 경제활동을 하고 있어 곧 기성세대를 넘어서는 소비 주체로 떠오를 것으로 전망된다.

다음 글을 읽어 볼까요?

찰스 왕세자 수선한 옷 즐겨 입어…
"양복 대부분 30년 이상 된 것"

영국 왕실의 후계자이지만 평소 검소하기로 유명한 찰스 왕세자가 한번 맞춘 양복을 30년 이상 입고 있으며 재단사는 항상 양복의 수선에 대비해 해당 의복의 천 조각을 수십 년 이상 보관해 두고 있는 것으로 전해졌다. -중략-

올해 70세를 맞은 찰스 왕세자가 지난 5월 아들 해리 왕자 결혼식 때 입고 나온 회색 수트는 **1984년산(年産)**으로 30여 년이 지난 것이라고 텔레그래프는 전했다. 또한 그의 공군 제복은 **1972년산(年産)**이고 1971년에 만들어진 신발은 아직도 신고 있다

✓ 오늘의 한자 "-산(産)"은 어떤 의미일까요?

오늘의 한자

현판

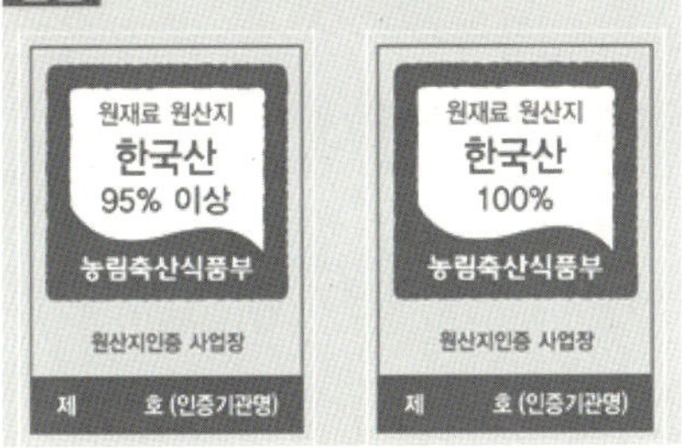

한자	-産
한글	-산
뜻	• 거기에서 나온 것 또는 물건 • 그때에 나온 것 또는 물건

오늘의 한자와 한자어

한국(韓國)
외국(外國)
72년(年)
국내(國內)

\+ **-산(産)** **-에서 생산함**

→

한국산(韓國産)	한국에서 생산된 것
외국산(外國産)	외국에서 생산됨. 또는 그 물품
72년산(年産)	그 해에 생산된 것
국내산(國內産)	국내에서 생산됨, 또는 그 물품

오늘의 한자 "-산(產)"을 연습해 볼까요?

□에 알맞은 단어는 무엇일까요? 써 주세요.

1) 국산(國產)은 한국에서 나고 자란 것을 말합니다. □□□(國內產)은 한국에서 가공한 것을 말합니다.

2) 이번 무역 협정(FTA)으로 □□□(外國產) 제품을 예전보다 더 저렴하게 구입할 수 있게 되었다.

3) 요즘 수집가들 사이에서 1998□□(年產) 500원짜리 동전이 1개당 수십만 원에 거래되는 것은 1998년에 동전 생산이 적었기 때문이다.

정답 1) 국내산 2) 외국산 3) 년산

✓ 여러분 나라에서 생산되는 국내산(國內産) 상품으로 유명한 것은 무엇인가요? 소개해 주세요.

✓ 여러분 나라에서 인기가 많은 외국산(外國産) 제품에는 무엇이 있나요? 그 이유는 무엇인가요? 소개해 주세요.

2강 관광업(觀光業)

한자 접미사 "-업(業)"이 붙어서 '어떤 분야의 사업 또는 산업'의 의미를 나타내는 단어가 됨을 이해하고 사용할 수 있다.

✓ 오늘의 한자는 무엇일까요?

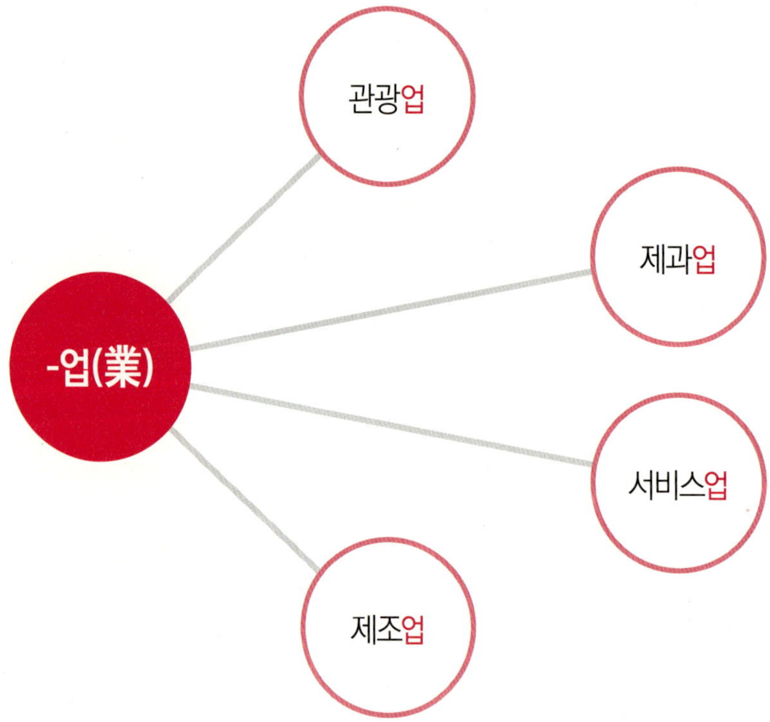

다음 신문 기사를 읽어 볼까요?

국제 밀값 폭등··· 제빵·제과업 조마조마

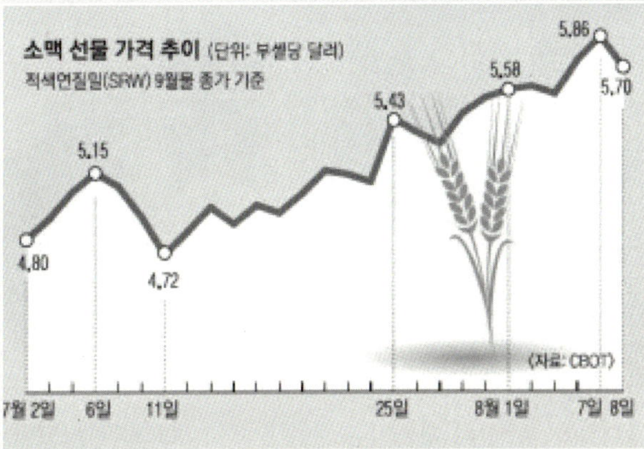

글로벌 밀 가격이 폭등하면서 **제빵·제과업(製菓業)** 등 국내 제조업체(製造業體)가 시장상황을 예의 주시하고 있다. 이는 유럽과 아시아 지역 등을 덮친 이례적인 폭염 때문이다.

실제로 지난달 유럽지역 평균 기온은 평년 대비 최대 5.5℃ 높았다. 주요 생산국인 독일과 폴란드 등이 속해 있는 유럽연합에서 밀 생산량 급감이 전망되면서 국제 밀 가격은 천정부지(天井不知)로 치솟고 있다. 미국에서 밀 가격은 이달 초 1부셸(약 27㎏)당 5.93달러로 올초 대비 30% 이상 급등하며 3년만에 최고가를 기록하기도 했다. 따라서 밀가루를 사용하는 식품·프랜차이즈업계에서는 국제 밀 가격 추이에 민감할 수밖에 없다. -중략-

다음 글을 읽어 볼까요?

올해 고용 '서비스업' 가장 활발.. 신입직은 '제조생산업'

올해 '**서비스업종(業種)**'의 채용이 가장 활발했던 것으로 나타났다. 특히 경력직 채용이 가장 활발했던 산업분야는 'IT**정보통신업종(情報通信業種)**', 신입직은 '**제조생산업(製造生産業)**'에서 채용이 가장 활발했던 것으로 나타났다.

잡코리아에 따르면 올해 채용공고가 가장 많이 등록된 산업 분야는 '**서비스업계(業界)**'로 올해 1~11월 잡코리아에 등록된 채용공고 중 23.6%로 가장 많았다. 다음으로는 **금융업(金融業**, 15.9%), IT**정보통신업(情報通信業**, 15.1%), **제조생산업(製造生産業**, 13.2%), **건설업(建設業**, 7.8%) 순으로 채용공고가 많았다.

-중략-

✔ 오늘의 한자 "-업(業)"은 어떤 의미일까요?

오늘의 한자

한자	-業
한글	-업
뜻	• 일, 일하다 • 어떤 분야의 사업이나 산업

오늘의 한자와 한자어

관광(觀光)
제과(製菓)
서비스
제조(製造)
\+ **-업(業) 사업, 산업** →

관광업(觀光業)	다른 곳의 풍경, 풍습, 문물 따위를 구경하는 것으로 재화를 생산하는 사업
제과업(製菓業)	과자나 빵 따위를 만들어 파는 산업
서비스업(서비스業)	물자의 생산 대신에 서비스를 제공하는 산업
제조업(製造業)	물품을 대량으로 만드는 사업

오늘의 한자 "-업(業)"을 연습해 볼까요?

□에 알맞은 단어는 무엇일까요? 써 주세요.

1) 평소 □□□(觀光業)에 관심이 많았던 유림이는 올해 유명 대학의 관광학과를 지원했다.

2) 나는 맛있는 빵과 과자를 마음껏 먹을 수 있는 □□□(製菓業)을 하고 있는 삼촌이 제일 부러웠다.

3) 국내 □□□(警備業)은 1990년대 이후 본격 성장을 거듭해 현재 1조 4000억 원 시장을 형성하고 있다.

4) 갑작스러운 한파로 방한복 □□□(製造業)은 상당한 재미를 보았다.

정답 1) 관광업 2) 제과업 3) 경비업 4) 제조업

✓ 여러분 나라는 옛날에 비해 어느 산업이 활성화되고 있나요? 소개해 주세요.

✓ 여러분은 어느 산업에 관심이 있나요? 왜 그런가요? 이야기해 주세요.

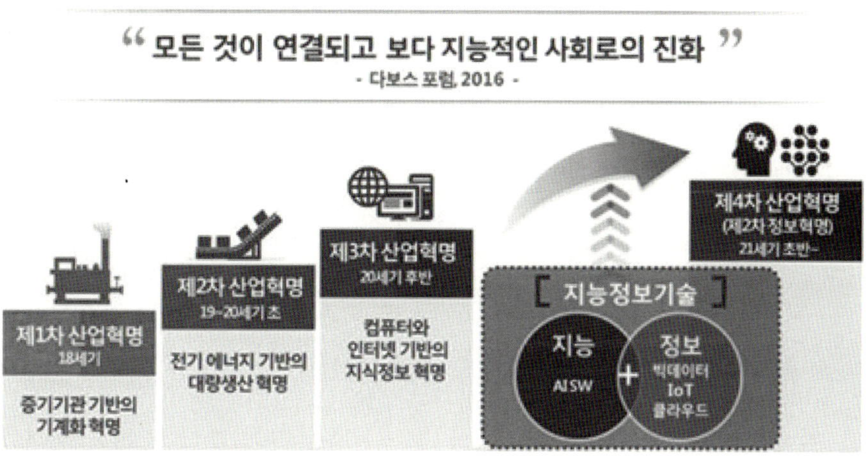

06

수와 시간

5月

SUN	MON	TUE	WED	THU	FRI	SAT
		1	2	3	4 연차	5 어린이날
6	5 대체휴무	8 연차	9	10	11	12
13	14	15	16	17	18	19
20	21 연차	22 석가탄신일		24	25	26

최대 5일 휴가

4일 휴가

그 날짜부터 효력이 발생하는 것을 나타내는 한자 접미사 '-부(附)'와 어느 시점과 시점 사이의 시간 동안을 나타내는 한자 접미사 '-간(間)'을 이해하고 사용할 수 있다.

- 1강 : 어제부(어제附)
- 2강 : 몇 년간(몇 년間)

1강 어제부(어제附)

한자 접미사 "-부(附)"가 붙어서 그 날짜부터 효력이 발생하는 것을 나타내는 한자어가 됨을 이해하고 사용할 수 있다.

✓ 오늘의 한자는 무엇일까요?

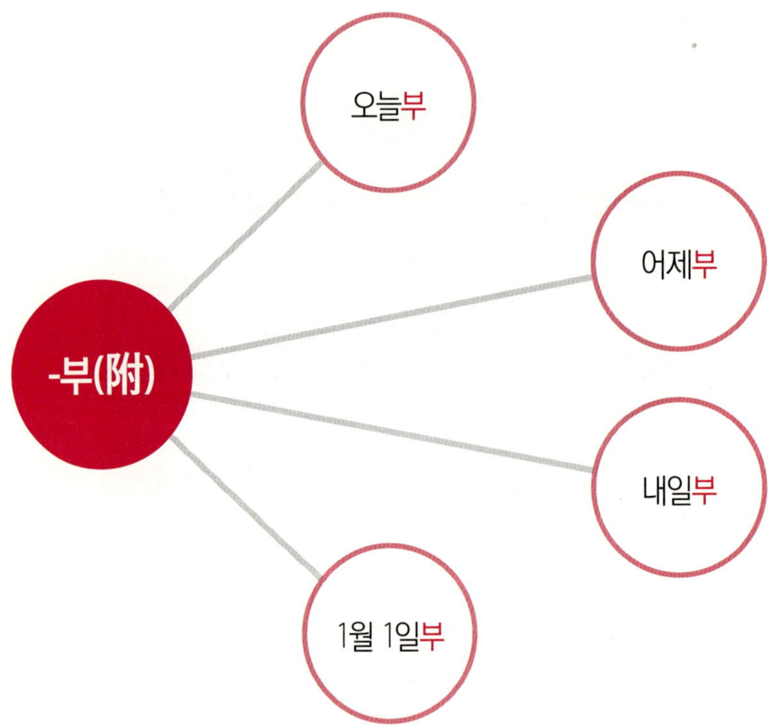

다음 신문 기사를 읽어 볼까요?

건강보험공단, 1월 1일부 용역근로자 636명 정규직 전환 시행… 일자리 창출 앞장

국민건강보험공단이 올해 **1월 1일부 (一月一日附)**로 시설관리, 경비 등 용역근로자 445명에 대하여 정규직 전환을 완료했으며, 남은 용역근로자 191명은 계약기간이 종료되는 시점 **1월 1일부(一月一日附)**로 171명, 20**년 **4월 1일부(四月一日附)**로 20명을 정규직으로 전환하기로 하고, 8일(화) 본부사옥에서 축하행사를 개최했다고 밝혔다. -중략-

건보공단 김** 이사장은 "공단은 비정규직의 실질적 고용안정을 위해 직접고용방식으로 정규직 전환을 추진하였고, 앞으로도 사회양극화 완화노력은 물론, 워라밸, 장애인 채용을 통한 사회적 약자 배려 등 사회적 가치 실현과 공공성 강화에 더욱 노력을 기울일 것"이라고 강조했다.

다음 글을 읽어 볼까요?

전역해서도 계속 찾게 된다는 군대 '성능 甲' 보급품 5가지

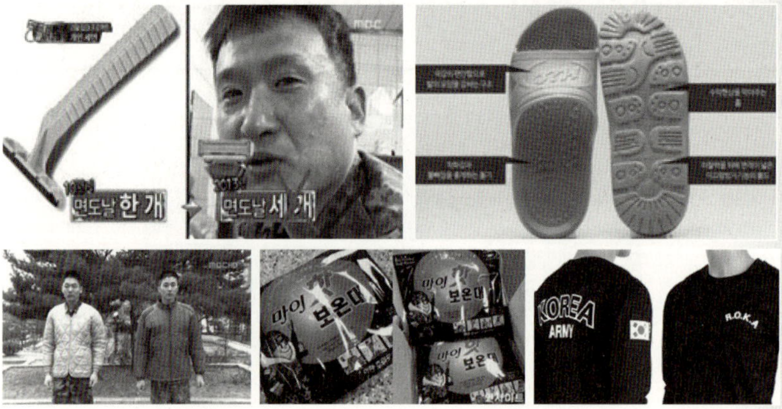

"충성! 병장 홍길동은 **1월 1일부(一月一日附)**로 예비역으로 전역을 명 받았습니다! 이에 신고합니다." 평생 잊지 못할 2년 간의 군 생활은 생각보다 쉽게 기억 저편에 묻힌다. 군대에 있는 동안 격변한 사회에 내 한 몸 적응하기에도 벅차기 때문이다.

그러나 바쁜 일상에도 가끔 군시절을 떠올리게 하는 것들이 있다. 바로 상품으로 내놓아도 제 돈 주고 살 것 같은 최고의 보급품들이다. 군필자들이 추천하는 보급품 같지 않은 '성능 甲' 아이템을 소개한다. -중략-

✓ 오늘의 한자 "-부(附)"는 어떤 의미일까요?

오늘의 한자

한자	-附
한글	-부
뜻	• 그 날짜에 효력이 발생함 • 그 날짜부터 효력이 시작함

오늘의 한자와 한자어

오늘
어제
내일(來日)
1월 1일

\+ -부(附) 그 날짜부터 효력 발생

➡

오늘부(附)	오늘부터 효력이 시작됨
어제부(附)	어제부터 효력이 시작됨
내일부(來日附)	내일부터 효력이 시작됨
1월 1일부(一月一日附)	1월 1일부터 효력이 시작됨

오늘의 한자 "-부(附)"를 연습해 볼까요?

□에 알맞은 단어는 무엇일까요? 써 주세요.

1) 나 김민수는 □□□□□(5월 5일附)로 이연주의 남편으로 이연주만을 사랑하며 살겠습니다.

2) 오늘 새벽 □□ □□□□□□(4시 55분附)로 경기도 버스가 전면 파업을 시작하여 첫차부터 운행이 중지되었습니다.

3) □□□(어제附)로 새해를 맞이한 지금, 새학기 대비를 앞둔 중학교와 고등학교 신입생 학부모들과 학생들의 발길도 바빠진다.

정답 1) 오월오일부 2) 네시 오십오분부 3) 어제부

✓ 여러분은 언제 인생의 전환점을 맞이하셨나요? 그 시점을 생각해 보고 소개해 주세요.

✓ 여러분 나라는 언제 현재의 정부가 탄생했나요? 그 시점을 조사해 보고 현재 정부의 탄생 역사를 간단하게 소개해 주세요.

2강 몇 년간(몇 年間)

한자 접미사 '-간(間)'이 붙어서 '어느 시점과 시점 사이의 시간 동안'의 의미를 나타내는 단어가 됨을 이해하고 사용할 수 있다.

오늘의 한자는 무엇일까요?

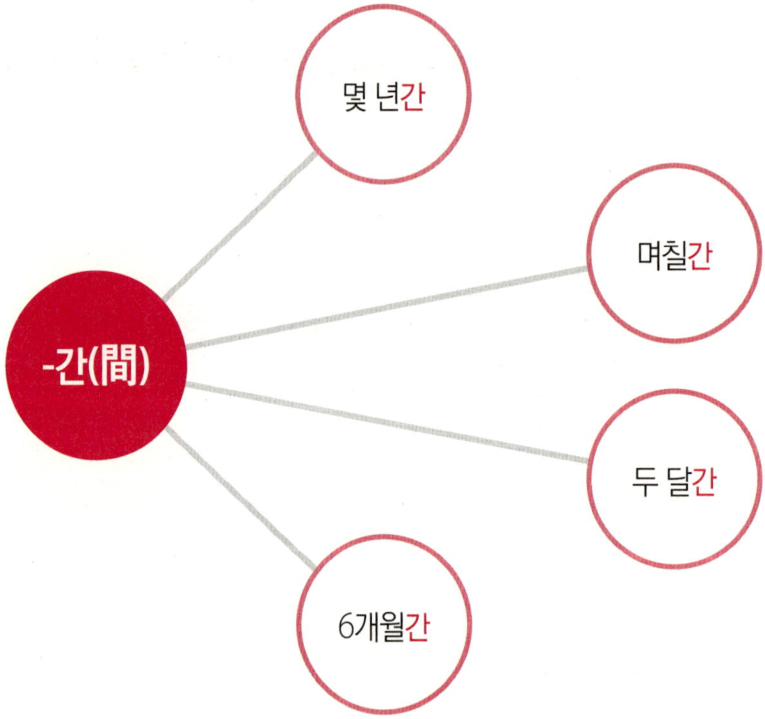

다음 신문 기사를 읽어 볼까요?

며칠간의 달콤했던 '외출'이 끝났다

한 농가에 보금자리를 틀고 농장 가축들을 몰래 잡아먹으며 만찬을 즐겨왔던 동물원 탈출 대형 비단뱀 한 마리가 결국 주민들에 붙잡혀 다시 동물원으로 돌아갔다. 녀석은 지난해 11월 4일 필리핀 알베이주 알베이 공원 야생 동물 센터에서 탈출한 '사와'(Sawa)라는 별명을 가진 4.5미터 길이의 뱀.

며칠간(間) 행동이 묘연했던 이 녀석은 한 농가에 들어가 농가 뒷마당의 오리와 닭 등을 잡아먹으며 우리에서의 '탈출'을 만끽하고 있었다. 하지만 꼬리도 길면 잡히는 법. 농장주인이 이 녀석을 발견해 뱀 포획 전문가에게 도움을 청했고 긴 장대로 뱀을 자루에 넣게 됐다. 농가 주인 마콜 볼라노스는 "농장 뒷마당에 키우고 있던 거위 한 마리와 칠면조, 많은 닭이 없어졌다"며 "이 녀석이 범인이 거 같다"며 분통했다. -중략-

다음 글을 읽어 볼까요?

'윤창호 사건'에도 음주운전 여전… 두 달간 2천600명 기소

음주운전에 대한 사회적 경종을 울린 '윤창호 사건' 이후에도 음주운전 교통사고가 끊이지 않고 발생한 것으로 드러났다. 4일 대검찰청에 따르면 검찰은 지난해 10월부터 11월까지 **두 달간(間)** 음주운전 및 음주운전 교통사고 사범 91명을 구속 기소하고, 2천511명을 불구속 기소했다.

경찰이 대대적 단속을 예고하고, 검찰이 음주운전자 엄정처벌 방침을 밝혔는데도 별다른 효과가 없었던 셈이다. 검찰은 끊이지 않는 음주운전 범죄를 근절하기 위해 구속수사 비율을 높이는 등 특단의 조치에 나서기로 했다. 상향된 음주운전 범죄 법정형을 반영해 사건처리 기준을 강화하고, 음주운전자의 재범 방지 실효성을 확보할 수 있는 방안을 다각도로 검토할 방침이다. -중략-

✓ 오늘의 한자 "-간(間)"은 어떤 의미일까요?

오늘의 한자

한자	-間
한글	-간
뜻	• (시간) 동안 • 어느 시점부터 어느 시점까지의 시간 동안

오늘의 한자와 한자어

몇 년(年)
며칠
두 달
6개월(個月)

\+ -간(間) 동안

→

몇 년간(年間)	몇 년 동안
며칠간(間)	며칠 동안
두 달간(間)	두 달 동안
6개월간(個月間)	여섯 달 동안

오늘의 한자 "-간(間)"을 연습해 볼까요?

□에 알맞은 단어는 무엇일까요? 써 주세요.

1) 올해 5월에는 최대 □□□(5일間) 휴가를 보낼 수 있다.

2) 지진이 발생하면 □□□(며칠間) 수도, 가스, 전화 등 라이프라인이 끊기게 된다. 그래서 □□□(며칠間) 자신의 힘으로 어떻게든 살아가야 한다.

3) 집을 구입하는 것은 향후 □□□(몇 년間) 재정뿐 아니라 생활 방식에도 영향을 줄 것이므로 매우 중요한 결정입니다.

4) 우리는 □□□(열 달間) 엄마의 뱃속에서 지내다 출산일이 다가오면 세상으로 나오게 됩니다.

정답 1) 5일간 2) 며칠간 3) 몇 년간 4) 열 달간

✓ 여러분은 얼마 간 시간이 주어진다면 충분히 휴식을 취했다라고 말할 수 있을까요? 왜 그럴까요?

✓ 여러분은 한국어를 배우기 시작한 후 얼마 동안이 가장 즐거웠습니까? 그 즐거웠던 한국어 학습 기억을 소개해 주세요.

07

수와 가치

한자 접미사 '-고(高)'가 붙어서 "양" 또는 "액수"의 뜻을 나타내고 한자 접미사 '-치(値)'가 붙어서 '값'의 뜻을 나타내는 단어가 됨을 이해하고 사용할 수 있다.

- 1강 : 판매고(販賣高)
- 2강 : 최고치(最高値)

1강 판매고(販賣高)

한자 접미사 '-고(高)'가 붙어서 "양" 또는 "액수"의 뜻을 나타내는 단어가 됨을 이해하고 사용할 수 있다.

오늘의 한자는 무엇일까요?

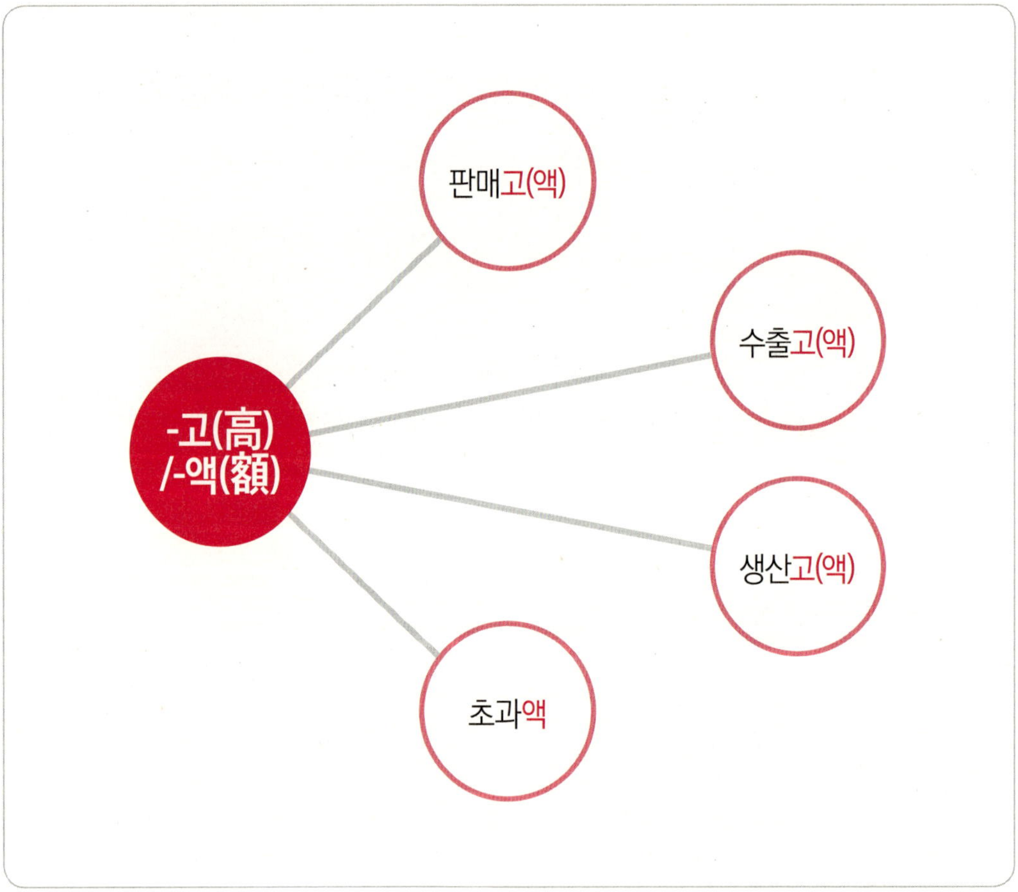

다음 신문 기사를 읽어 볼까요?

'미역국 라면'에 '어묵 국물티' 등 이색 조합으로 눈길 끈 제품들... SNS 입소문으로 판매고 고공행진!

"저 제품을 굳이 돈 주고 사 먹을까?"라고 의아해 하던 미역국 라면·귤맛우유·어묵티백 등의 제품이 시장에 출시됐다. 하지만 이 제품들은 예상외로 소비자들에게 인기를 얻으며 호조를 보이고 있다. 오뚜기는 지난해 10월 '쇠고기미역국라면'을 선보였다. 출시 당시 시장 반응은 냉랭했다. 미역국에 라면이라니 잠깐 있다 사라질 제품으로 별 관심이 없었지만 생각보다 인기를 얻으며 오래 가고 있다.

이 제품은 오뚜기 라면 연구원 중 임신 4개월 차에 접어든 한 연구원의 아이디어에서 시작됐다. 출시 후 SNS 등 온라인에서 자극이 덜하고 부담 없는 건강한 라면으로 입소문이 나면서 전세가 역전됐다. 쇠고기미역국라면은 출시 두 달 만에 일 판매량 1,000만 개를 돌파했으며, 이는 '진짬뽕'이 출시 50일 만에 1,000만 개 **판매고(販賣高)**를 올린 것과 비슷한 괄목할 만한 성과다.

죠스푸드의 티백 제품 '어묵티'도 소비자들의 폭발적 인기를 얻으며 출시 당시 품절사태까지 이어졌다. 죠스푸드는 2017년 9월에 자사(自社) SNS에 어묵 국물이 녹차처럼 우러나는 이미지를 '맛있는 상상'이라며 재미삼아 올렸다.

하지만 소비자들의 폭발적인 반응으로 실제로 제품이 출시됐으며, 2017년 11월 3만 개 한정으로 내놓은 '죠스 어묵티'가 한 달 만에 완판됐고, 12월 정식 출시됐다. -중략-

✓ 오늘의 한자 "-고(高)/액(額)"은 어떤 의미일까요?

오늘의 한자

한자	-高	-額
한글	-고	-액
뜻	• 물건의 양 또는 액수(값)	

오늘의 한자와 한자어

판매(販賣)
수출(輸出)
생산(生産)
투자(投資)

\+ -고(高)/액(額) 양, 금액

➡

판매고/액(販賣高/額)	상품을 판 금액
수출고/액(輸出高/額)	다른 나라에 판매하여 얻은 금액
생산고/액(生産高/額)	1) 일정한 기간 동안 만든 재화의 수량 2) 만든 물건의 값으로 계산한 액수
투자액(投資額)	사업의 이익을 위해 필요한 물자를 댄 금액

오늘의 한자 "-고(高)/액(額)"을 연습해 볼까요?

✔ □에 알맞은 단어는 무엇일까요? 써 주세요.

1) 방탄소년단은 2017년 9월부터 지난해까지 '러브 유어셀프' 시리즈 3개 앨범으로 587만4천 장의 □□□(販賣高)를 올렸습니다.

2) 지난 한해 동안 파라과이에서 비디오게임을 제작하여 수출함으로써 올린 □□□(輸出高)는 50만 달러에 달한다고 정부 관계자가 밝혔다.

3) 농산물의 □□□(生産額)이 점점 줄어들고 있는 반면, 사람들의 수요가 늘어나고 있는 축산업(양잠업 포함)의 생산량(生産量)은 매년 증가세를 기록하고 있다.

4) LG전자는 올해 가전사업의 □□□(投資額)보다 자동차 부품 사업에 연구개발비 등 4,000억 원 가량 □□□(投資額)을 늘렸다.

정답 1) 판매고 2) 수출고 3) 생산액 4) 투자액

✓ **여러분이 투자자라면 어느 상품에 투자액(投資額)을 늘리고 싶어요? 그 이유는 무엇인가요?**

✓ **여러분은 지금까지 여러분 자신에게 어떤 부분에 가장 많은 투자를 했나요? 투자액(投資額)이 많은 분야는 무엇이었나요? 소개해 주세요.**

공부

운동

여행

2강 기대치(期待値)

한자 접미사 '-치(値)'가 붙어서 '가치, 값'의 의미를 나타내는 단어가 됨을 이해하고 사용할 수 있다.

오늘의 한자는 무엇일까요?

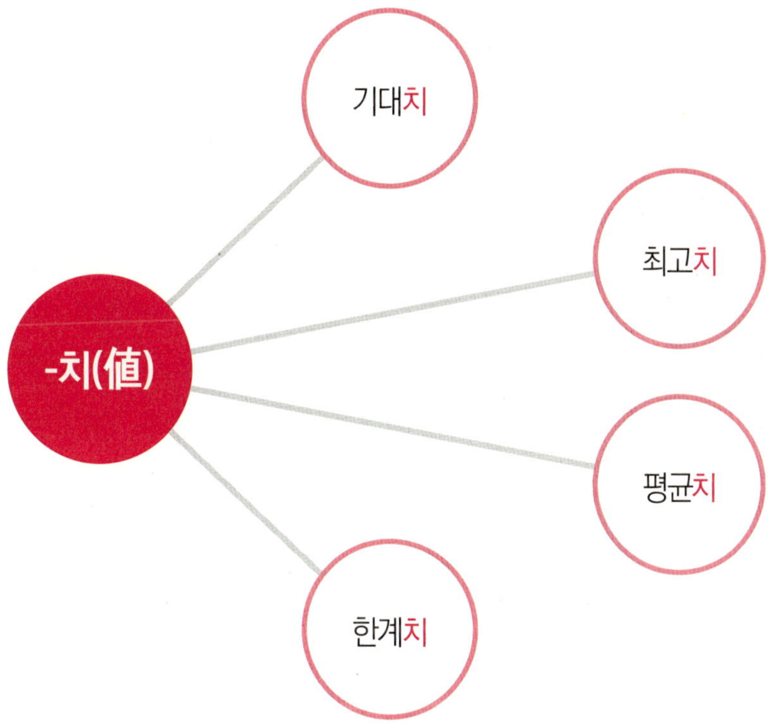

다음 신문 기사를 읽어 볼까요?

직장인 10명 중 6명, "연봉 인상 기대" 기대치 평균 7.1%

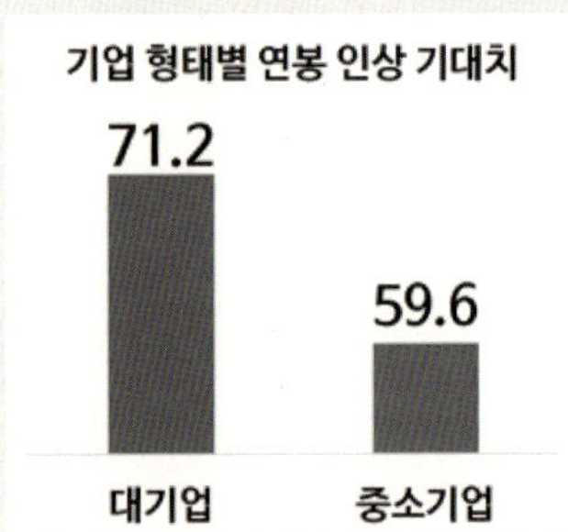

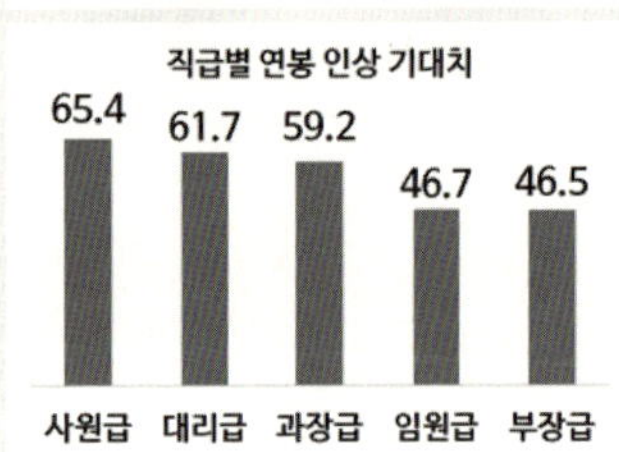

황금돼지해를 맞아 직장인들은 연봉을 평균 7.1% 오를 것으로 기대했다. 사람인이 직장인 674명에게 조사한 결과, 10명 중 6명(61.7%)이 2019년에 연봉이 오를 것으로 기대한 것으로 나타났다. 이들이 기대하는 연봉 인상률은 평균 7.1%로 꼽혔다.

연봉 인상을 기대하는 비율은 재직중인 기업 형태와 직급에 따라 다소 달랐다. 대기업은 71.2%가 기대한다고 응답한 것에 비해 중소기업에서는 59.6%에 그쳤다.

직급별로는 사원급(65.4%), 대리급(61.7%), 과장급(59.2%), 임원급(46.7%), 부장급(46.5%) 순으로 차이를 보였다.

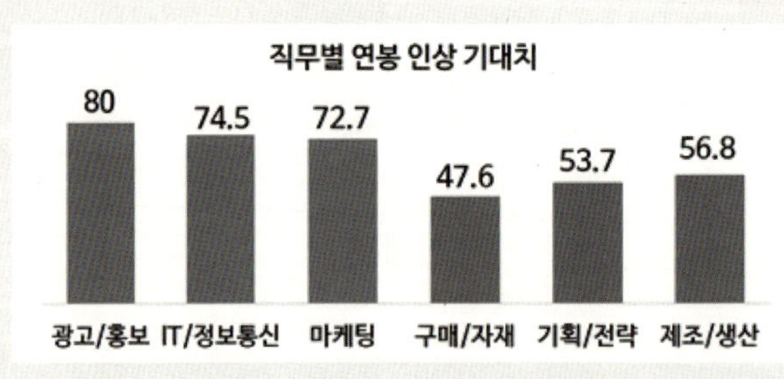

직무별로는 광고/홍보(80%), IT/정보통신(74.5%), 마케팅(72.7%)은 연봉 인상을 기대하는 이들이 많았으나, 구매/자재(47.6%), 기획/전략(53.7%), 제조/생산(56.8%)은 상대적으로 적게 나타났다.

다음 글을 읽어 볼까요?

작년 11월 온라인쇼핑 거래액 또 사상 최고치

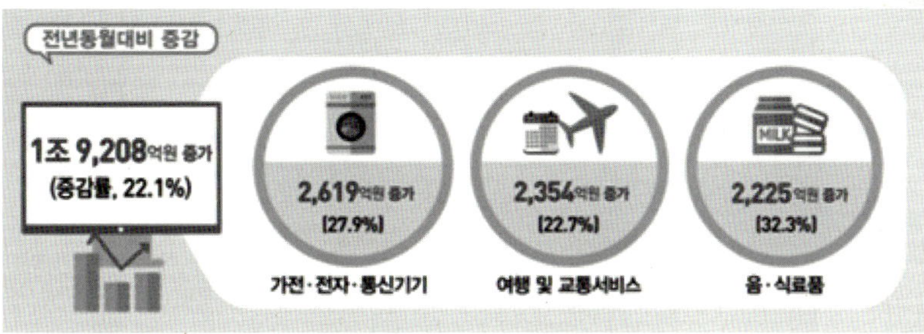

지난해 11월 온라인쇼핑 거래액이 10조 6293억 원을 기록하며 한 달만에 역대 최고치(最高値)를 경신했다. 온라인쇼핑 거래액은 작년 10월 10조 350억 원으로 사상 처음 '월간 거래액 10조 원'을 돌파했다. -중략-

☑ 오늘의 한자 "-치(值)"는 어떤 의미일까요?

오늘의 한자

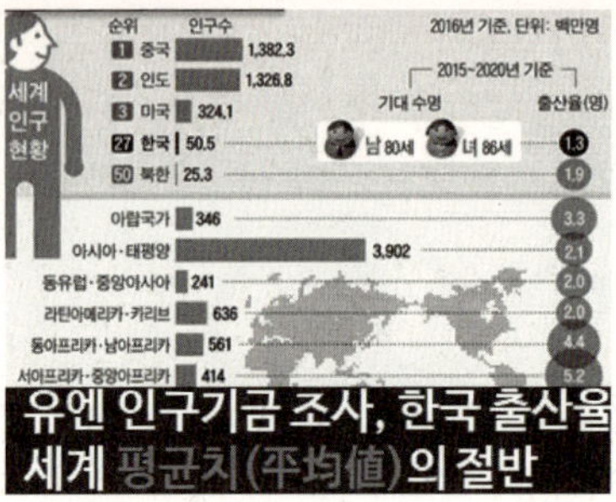

한자	-值
한글	-치
뜻	• 값, 가치 • 무엇의 값, 또는 가치

오늘의 한자와 한자어

기대(期待)
최고(最高)
평균(平均)
한계(限界)

\+ **-치(值)** **값, 가치** ➡

기대치(期待值)	이루어지리라 기대하였던 목표의 정도
최고치(最高值)	가장 높은 수치 또는 가치
평균치(平均值)	여러 사물의 질이나 양의 중간값(수)
한계치(限界值)	사물이나 능력 등이 작용할 수 있는 가장 끝의 범위를 나타내는 값

오늘의 한자 "-치(値)"를 연습해 볼까요?

✓ □에 알맞은 단어는 무엇일까요? 써 주세요.

1) 한국 여성 1인 당 평균 출산율은 1.3명으로 세계 □□□(平均値)(2.5명)에 크게 못 미칠 뿐 아니라 전 세계 국가 중 꼴찌에서 네 번째에 해당하는 것으로 나타났다.

2) 추석과 겨울 성수기 시즌 제작비 100억~200억 원 사이 대형 한국 영화들이 상영되었지만 □□□(期待値)만큼 좋은 흥행 성적을 내지 못했다.

3) 오늘 인기 그룹의 공연장에서는 표를 사기 위해 길게 줄을 서 있는 사람들 속에서 긴 시간을 기다리며 내 인내심의 □□□(限界値)를 경험했다.

정답 1) 평균치 2) 기대치 3) 한계치

✔ 여러분의 인내심의 한계치(限界値)는 어느 정도라고 생각하세요? 예를 들어서 써 주세요.

✔ 여러분은 요즘 어느 부분에 대한 기대치(期待値)가 높은가요? 또는 누구에 대한 기대치(期待値)가 높은가요? 그 이유는 무엇인가요?

수단과 방법

한자 접미사 '-용(用)'이 붙어서 어디에 쓰이는지를 나타내고 한자 접미사 '-책(策)'이 붙어서 어떤 문제를 해결하는 방법을 나타내는 단어가 됨을 이해하고 사용할 수 있다.

- 1강 : 어린이용(어린이用)
- 2강 : 타개책(打開策)

1강 어린이용(어린이用)

한자 접미사 '-용(用)'이 붙어서 어디에 쓰이는지를 나타내는 단어가 됨을 이해하고 사용할 수 있다.

오늘의 한자는 무엇일까요?

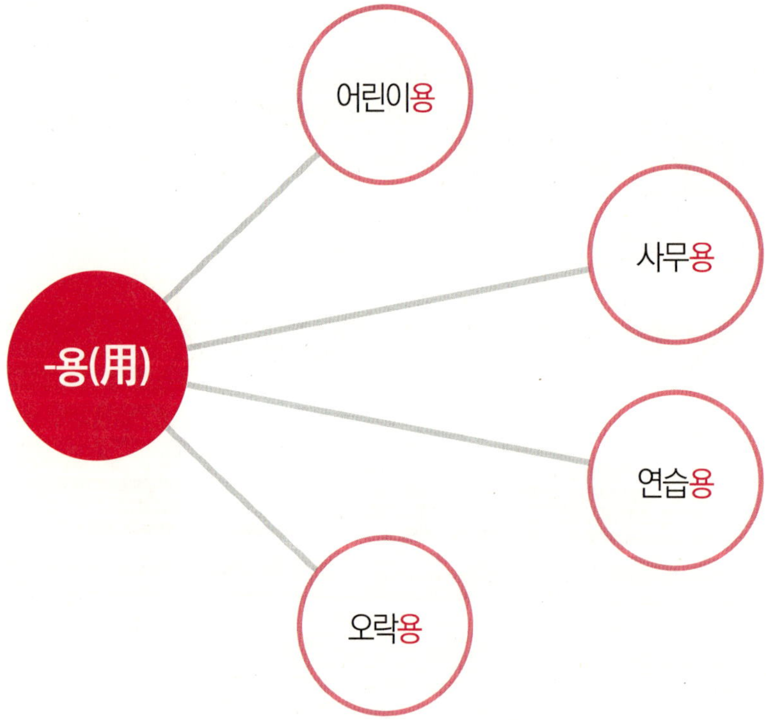

다음 신문 기사를 읽어 볼까요?

VR의 아버지 재런 러니어의 『가상 현실의 탄생』

가상현실(假想現實/VR,virtual reality)은 이제 공상과학(空想科學/SF, science fiction) 소설이나 영화에서나 등장하는 낯선 단어가 아니다. 참전 군인의 외상 후 스트레스 장애 치료나 수술 **연습용(練習用)**으로 쓰이기도 하고 드라마의 소재, 게임 등 일상에서도 자주 접할 수 있는 용어다.

그런데 VR이란 무엇일까? 미국의 저명한 컴퓨터과학자로 'VR의 아버지'라 불리는 저자(재런 러니어)는 '디지털 장치에 적용되는 마술의 수법.', '다른 장소, 다른 몸, 세상이 돌아가는 방식에 대한 다른 논리의 환각을 만들어내는 **오락용(娛樂用)**제품.'이라고 정의했다.

그런가 하면 그는 '아무리 흥미진진한 경험을 하고 있어도 외부인에게는 터무니없이 괴상하고 바보 같이 보인다.'라고도 말했다. -중략-

✓ 오늘의 한자 "-용(用)"은 어떤 의미일까요?

오늘의 한자

한자	-用
한글	-용
뜻	• ~에(에게) 씀(사용함) • ~에(에게) 사용하는 도구

오늘의 한자와 한자어

어린이
사무(事務)
연습(練習)
오락(娛樂)

\+ **-용(用)**
~에 사용함
~에 사용하는 도구

➡

어린이용(어린이用)	어린이를 위한 제품 어린이에게 사용하는 도구
사무용(事務用)	사무를 위한 제품 사무에 사용하는 도구
연습용(練習用)	연습을 위한 제품 연습에 사용하는 도구
오락용(娛樂用)	오락을 위한 제품 오락에 사용하는 도구

오늘의 한자 "-용(用)"을 연습해 볼까요?

✔ □에 알맞은 단어는 무엇일까요? 써 주세요.

1) 시중에 유통 중인 □□□□(어린이用) 비타민 캔디 20종의 영양성분을 시험한 결과, 대부분 당류로 이루어져 있었다고 밝혔다.

2) 이 제품은 문서작성, 간단한 게임을 즐길 수 있는 □□□(事務用) 데스크탑PC입니다.

3) □□□(練習用) 수류탄은 무게와 겉모양에서 실제 수류탄과 최대한 흡사하도록 고안됐다. 연습용 수류탄은 흙을 압축해 제작된다.

4) 예전에는 □□□(軍士用)으로 사용했던 드론(drone·무인기)이 요즘은 □□□(商業用)과 □□□(娛樂用)으로 영역을 넓혀가면서 드론 시장이 점점 뜨거워지고 있다.

정답 1) 어린이용 2) 사무용 3) 연습용 4) 군사용, 상업용, 오락용

✓ **여러분이 지금 10억 원 로또에 당첨된다면 어디에 사용하겠어요? 그 이유는 무엇인가요? <보기> 처럼 써 보세요.**

보기

제가 만약 10억 원 로또에 당첨된다면 먼저 노후 준비용으로 5억원을 저금하겠습니다. 그리고 나머지 5억 원은 여행용으로 사용하겠습니다.

아래에 써 볼까요?

제가 만약 10억 원 로또에 당첨된다면

2강 타개책(打開策)

한자 접미사 '-책(策)'이 붙어서 어떤 문제를 해결하는 방법을 나타내는 단어가 됨을 이해하고 사용할 수 있다.

✓ 오늘의 한자는 무엇일까요?

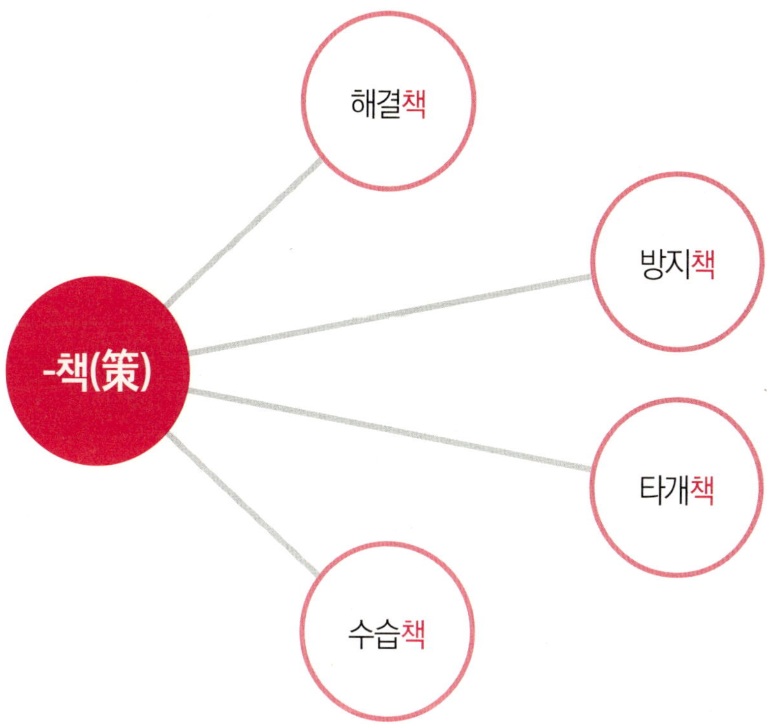

다음 신문 기사를 읽어 볼까요?

대구 홍역 유행, 전국 확산 방지책 강화

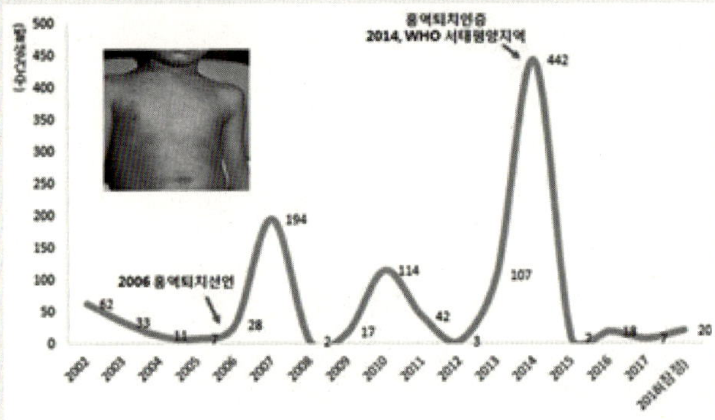

최근 대구 지역의 의료기관을 이용한 영·유아 및 의료기관 종사자 중에서 홍역 환자가 잇달아 발생하였다. 이에 따라 질병관리본부는 해외 유입 방지 및 전국 확산 **방지책(防止策)**으로 홍역 표준 예방접종 일정에 따른 어린이 예방접종, 국외 홍역 유행지역 여행 전 예방 접종 이력을 확인하여 미접종 시 예방접종 하기 및 개인위생수칙의 준수 등을 당부했다. -중략-

다음 글을 읽어 볼까요?

드라마 시청률 1%대 속출… '수렁에 빠진' 지상파의 **타개책**은

연초부터 지상파 방송사들은 충격에 휩싸였다. 1%대의 시청률을 기록한 드라마가 속출했기 때문. 지금까지 벌써 10편이 넘었다. 상대적으로 일반인도 쉽게 접근할 수 있는 예능에 비해 오랜 시간 축적한 노하우로 만들어낸 드라마의 명성은 쉽게 무너지지 않을 것 같았다. <중략> 60여 년의 역사상 유례없는 위기를 겪고 있는 지상파 방송에 과연 출구(**타개책, 打開策**)가 있을까. -중략-

✓ 오늘의 한자 "-책(策)"은 어떤 의미일까요?

오늘의 한자

한자	-策
한글	-책
뜻	• 방법, 대책 • 문제를 해결하기 위한 방법이나 계획

오늘의 한자와 한자어

해결(解決)
방지(防止)
타개(打開)
수습(收拾)

\+ **-책(策)** **문제 해결 방법, 계획** →

해결책(解決策)	문제를 잘 처리하는 방법이나 계획
방지책(防止策)	문제를 막는 방법이나 계획
타개책(打開策)	막힌 일에 해결의 길을 여는 방법이나 계획
수습책(收拾策)	사건를 정리하기 위한 방법이나 계획

오늘의 한자 "-책(策)"을 연습해 볼까요?

□에 알맞은 단어는 무엇일까요? 써 주세요.

1) 세계적인 물 부족 문제의 □□□(解決策)으로 해수의 담수화를 생각해 볼 필요가 있다.

2) 홍역은 전염성이 강하기 때문에 전국적으로 확산을 막기 위한 홍역의 전국 확산 □□□(防止策)을 찾아야 한다.

3) 지상파 방송국의 드라마 시청률이 케이블 방송의 드라마에 비해서 점점 낮아지고 있다. 지상파 방송사는 이러한 시청률 하락의 □□□(打開策)을 모색하고 있다.

4) 말 때문에 비롯된 사람들 사이의 갈등을 푸는 □□□(收拾策)은 결국 진정성 있는 사과가 아닐까요?

정답 1) 해결책 2) 방지책 3) 타개책 4) 수습책

✓ 여러분 나라에는 요즘 어떤 문제들이 있나요? 그러한 문제를 해결하기 위한 방법은 무엇이 있을까요? <보기>와 같이 써 보세요.

보기

한국에는 미세먼지 문제가 심각하다. 이러한 미세먼지를 줄이기 위한 **해결책(解決策)**으로 개인적으로는 대중교통을 이용하고 국가 차원에서는 석탄발전소를 줄이는 것 등을 생각해 볼 수 있다.

아래에 써 볼까요?

문제가 심각하다. 해결책(解決策)으로

09

서류와 증명

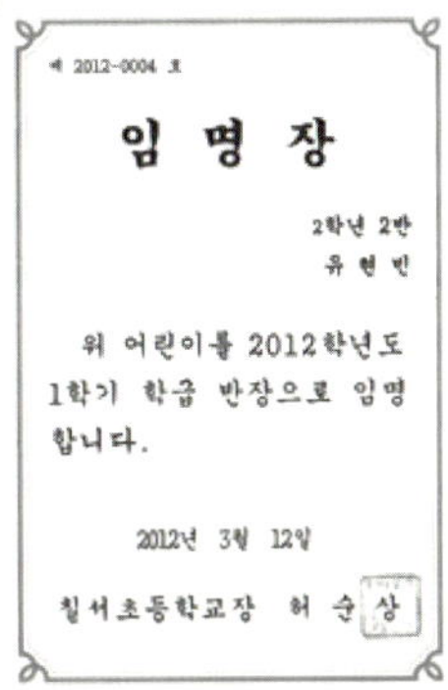

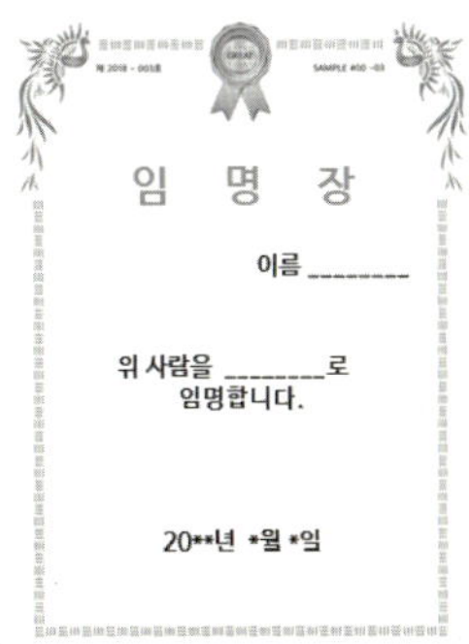

한자 접미사 '-장(狀)'이 붙어서 문서나 편지를 나타내고 한자 접미사 '-증(證)'이 붙어서 어떤 사실을 확인하는 문서를 나타내는 단어가 됨을 이해하고 사용할 수 있다.

- 1강 : 임명장(任命狀)
- 2강 : 신분증(身分證)

1강 임명장(任命狀)

한자 접미사 '-장(狀)'이 붙어서 어디에 쓰이는지를 나타내는 단어가 됨을 이해하고 사용할 수 있다.

오늘의 한자는 무엇일까요?

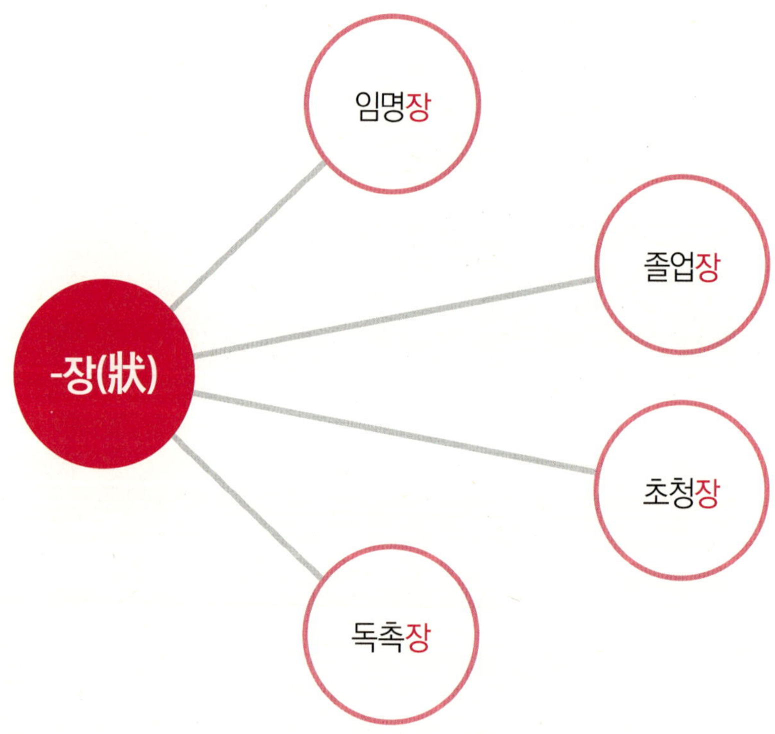

다음 신문 기사를 읽어 볼까요?

美대학 명예 졸업장 받는 견공

지체부자유 주인이 대학을 무사히 졸업하도록 도운 4살 된 골든 리트리버종 안내견 '그리핀'이 지난 15일(현지시각) 미국 뉴욕주 포츠담의 클라크슨 대학에서 학사모를 쓴 채 토니 콜린스 총장으로부터 명예 **졸업장(卒業狀)**을 받아 입에 물고 있다.

그리핀은 다음 달 클라크슨대를 졸업하는 주인 브리타니 홀리가 휠체어를 타고 대학을 다니는 동안 곁을 따라 다니며 문을 열어주는 등의 도움을 주는 것은 물론 강의실에서 주인 곁에 조용히 앉아 있는 등 감정적 편안함까지 제공하는 헌신적 노력을 다했다고 AP통신은 17일 전했다. -중략-

다음 글을 읽어 볼까요?

마녀로부터 초대장이 왔어요!

쉬는 날을 이용해 가족, 친구, 커플들과 함께 마녀들의 마을에 방문해보는 것은 어떨까? 강남 미술관에서 올해 말까지 진행되는 '마녀의 **초대장(招待狀)**' 전시회에 사람들의 발길이 끊이질 않고 있다. 전시회장은 '마녀들이 사는 마을' 컨셉으로 3가지 섹션(마녀들에 대해서· 마녀의 마을로·현실의 마녀전시)으로 구성돼 있다.

각 섹션마다 주제에 맞게 공간이 꾸며져 있고, 사진 촬영을 위한 포토존이 곳곳에 마련돼 있다. 마녀 모자, 빗자루, 머리띠 등 다양한 소품들도 구비돼 있어 사진 찍는 재미를 더한다. -중략-

✓ 오늘의 한자 "-장(狀)"은 어떤 의미일까요?

오늘의 한자

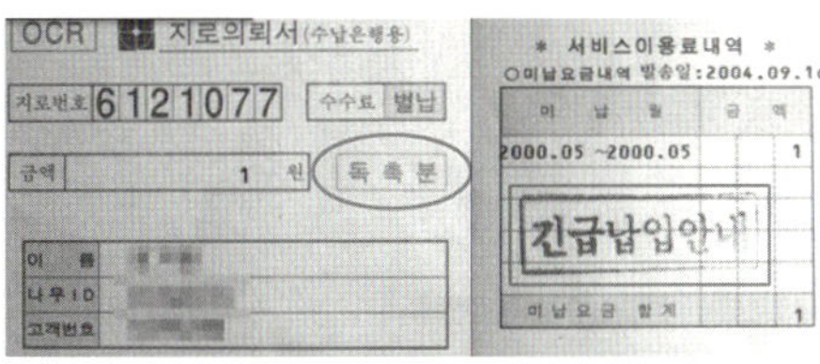

한자	-狀
한글	-장
뜻	• 증서, 편지 • 무엇을 알리는 공적인 문서, 또는 편지

오늘의 한자와 한자어

임명(任命)
졸업(卒業)
초청(招請)
독촉(督促)

\+ **-장(狀)** **문서, 편지**

→

임명장(任命狀)	어떤 사람을 무엇으로 임명한다는 내용을 적은 문서
졸업장(卒業狀)	졸업을 증명하는 문서
초청장(招請狀)	초청하는 내용을 적은 문서
독촉장(督促狀)	어떤 약속이나 의무를 빨리 이행하도록 재촉하는 문서

오늘의 한자 "-장(狀)"을 연습해 볼까요?

□에 알맞은 단어는 무엇일까요? 써 주세요.

1) 어떤 사람에게 어떤 업무를 맡기는 것을 알리는 문서는 □□□(任命狀)이라고 하는데, 이 것을 손 글씨로 쓰는 공무원을 필경사라고 한다.

2) 어제 집으로 배달 온 BTS 공연 □□□(招待狀)은 우리 언니가 선물로 준 것이다.

3) 해외로 유학을 가려면 해외 대학의 □□□(招請狀)을 받아야 한다.

4) 사람이 살지 않는 집에 아직 납부하지 않은 전기 요금, 수도 요금 □□□(督促狀)이 쌓여 가고 있다.

정답 1) 임명장 2) 초대장 3) 초청장 4) 독촉장

✓ 여러분에게 지금 어떤 자리에 초대장을 받고 싶은가요? 그 이유는 무엇인가요? 여러분이 받고 싶은 초대장(招待狀)을 써 보세요. 그리고 받고 싶은 이유를 써 주세요.

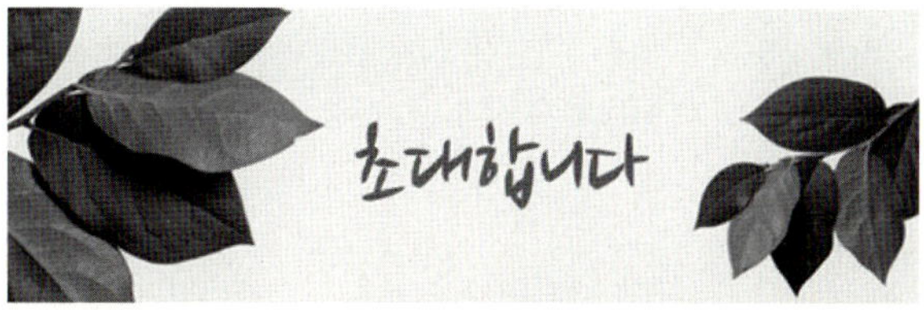

당신을 "______________"에 초대합니다

-일시 : ______________

-장소 : ______________

내가 "______________"을 받고 싶은 이유

2강 신분증(身分證)

한자 접미사 '-증(證)'이 붙어서 어떤 사실을 확인하는 문서를 나타내는 단어가 됨을 이해하고 사용할 수 있다.

오늘의 한자는 무엇일까요?

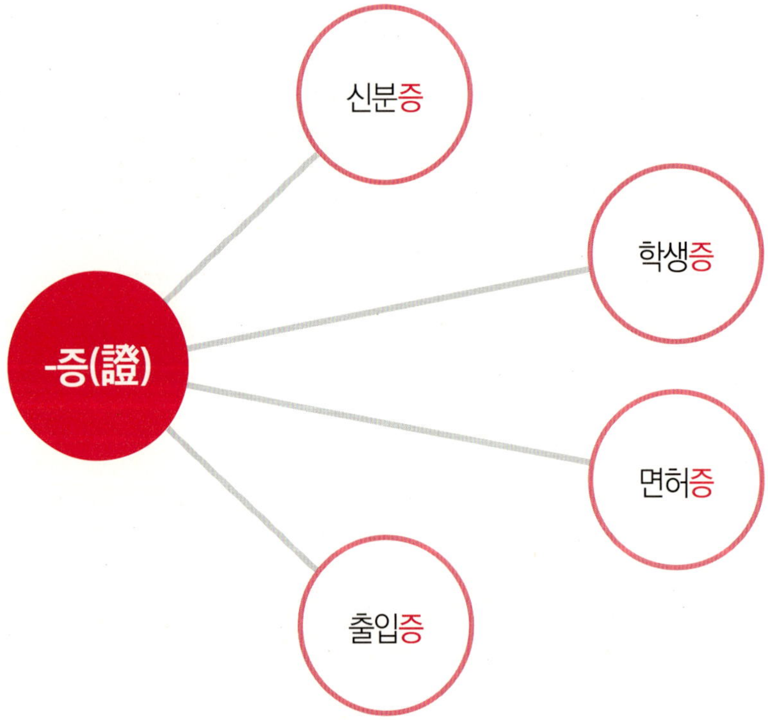

다음 신문 기사를 읽어 볼까요?

ABC마트, '새학기 새출발 굿 스타트' 실시

ABC마트(대표 이기호)는 다음 달 28일까지 전국 매장에서 '새학기 새출발 굿 스타트'를 실시한다고 25일 밝혔다. 해당 기간 교복을 착용하거나 **학생증(學生證)**을 제시하면 신상품을 포함한 다양한 인기상품을 10% 저렴하게 구매할 수 있다.

신학기 백팩을 비롯해 실내에서 편하게 신을 수 있는 슬라이드 제품도 한 데서 만날 수 있다. ABC마트 관계자는 "신학기를 맞아 새로운 출발을 준비하는 학생을 응원하는 마음을 담아 준비한 행사"라면서 "신발, 백팩 등을 합리적 가격에 구매할 수 있는 좋은 기회"라고 말했다.

-중략-

다음 글을 읽어 볼까요?

고령운전자 면허 반납 땐 '10만원 교통카드'… 서울은 덤덤, 부산선 호응

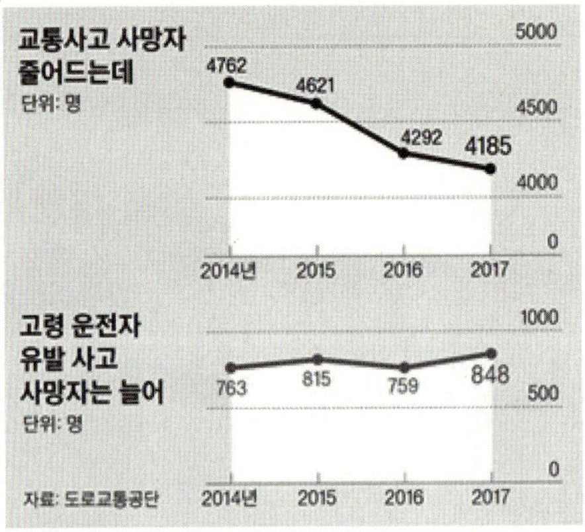

지난 2일 서울 양천구청과 관내 주민센터에 100통이 넘는 전화가 걸려왔다. 양천구가 이날부터 만 65세 이상 운전자 운전 **면허증(免許證)**을 반납받기 시작하면서다. 노인들은 "면허증을 반납하면 어떤 혜택이 있나", "절차는 어떻게 되느냐"고 물었다. 양천구청이 시행하는 이른바 '운전 **면허증(免許證) 졸업증(卒業證)**' 제도에 관심이 집중됐다.

고령 운전자에게 인센티브를 제공하면서 **면허증(免許證)** 자진반납을 유도하는 제도다. <중략> 국내 처음 자진반납제를 시행한 부산시는 "효과가 긍정적"이라고 평가했다. 부산시가 교통카드(10만원권)와 목욕탕·안경점 등에서 할인받을 수 있는 복지카드 등을 지급하자 4,800여 명이 **면허증(免許證)**을 반납했다. -중략-

✓ 오늘의 한자 "-증(證)"은 어떤 의미일까요?

오늘의 한자

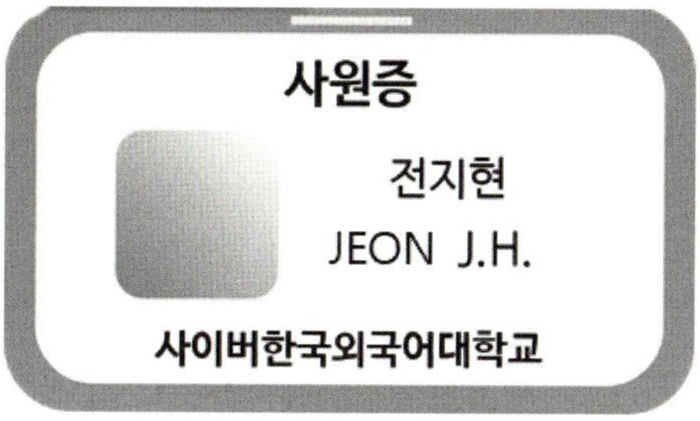

한자	-證
한글	-증
뜻	• 증명서 • 어떤 사실을 확인(증명)하는 문서(물품)

오늘의 한자와 한자어

신분(身分)
학생(學生)
면허(免許)
출입(出入)

\+ **-증(證)**
증명서

→

신분증(身分證)	해당 기관에 소속됨을 증명하는 문서
학생증(學生證)	학생임을 증명하는 문서
면허증(免許證)	어떤 일을 해도 됨을 증명하는 문서
출입증(出入證)	출입을 허가함을 증명하는 문서

오늘의 한자 "-증(證)"을 연습해 볼까요?

✔ □에 알맞은 단어는 무엇일까요? 써 주세요.

1) 해당 기간 교복을 착용하거나 □□□(學生證)을 제시하면 신상품을 포함한 다양한 인기 상품을 10% 저렴하게 구매할 수 있다.

2) 부산에서는 고령 운전자에게 인센티브를 제공하면서 운전 □□□(免許證) 자진반납을 유도하는 제도를 시행하고 있다.

3) 언제 어디에서 무슨 일이 일어날지 모르기 때문에 □□□(身分證)은 항상 지니고 다녀야 한다.

4) 이곳은 위험하기 때문에 □□□(出入證)이 있는 사람만 들어올 수 있다.

정답 1) 학생증 2) 면허증 3) 신분증 4) 출입증

✓ 여러분은 혹시 신분증(身分證)을 잃어버린 적이 있나요? 언제, 어디에서 잃어버렸었나요? 그때의 경험을 써 주세요.

✓ 여러분이 가지고 있는 증명서 중에서 무슨 증(證)이 제일 중요한가요? 왜 그런가요?

10

이야기와 말씀

한자 접미사 '-담(談)'이 붙어서 어떤 이야기를 나타내고 한자 접미사 '-사(辭)'가 붙어서 특별한 자리에서의 이야기(말, 말씀)을 나타내는 단어가 됨을 이해하고 사용할 수 있다.

- 1강 : 경험담(經驗談)
- 2강 : 개회사(開會辭)

1강 경험담(經驗談)

한자 접미사 '-담(談)'이 붙어서 어떤 이야기를 나타내는 단어가 됨을 이해하고 사용할 수 있다.

오늘의 한자는 무엇일까요?

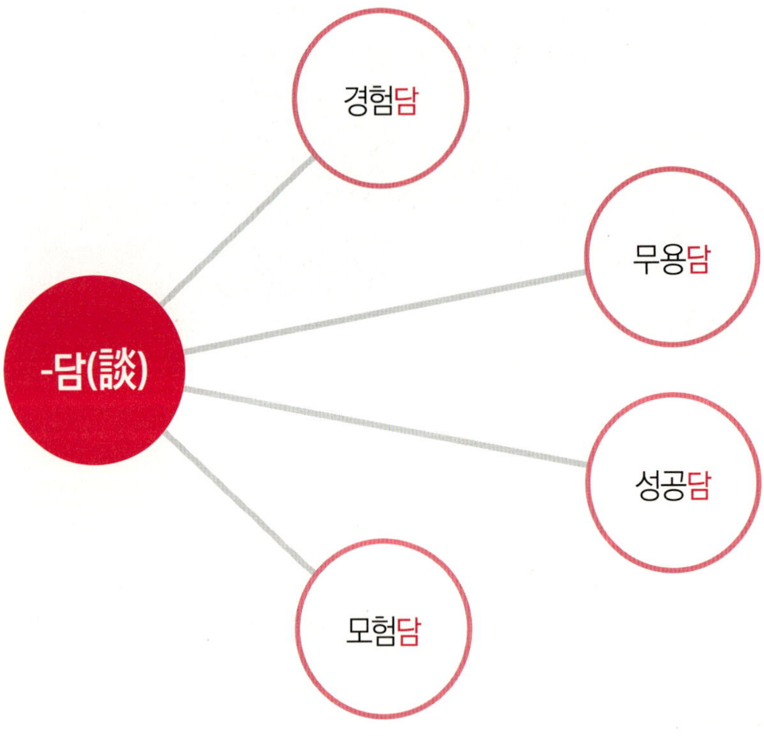

다음 신문 기사를 읽어 볼까요?

'투머치 토커' 박찬호의 무용담(武勇談)… "나 뱀 잡았다"

한국인 1호 메이저리거 박찬호가 야구계 후배 이승엽과 골프 라운딩 중 맨손으로 뱀을 잡았다. 박찬호는 25일 인스타그램에 골프를 치다가 뱀과 맞닥뜨린 영상을 공개했다. 그는 영문으로 "뱀이 필드에 들어왔는데 내가 친절하게 밖으로 내보내 줬다"고 적었다. 해시태그에는 '#뱀뱀 #땅꾼 #이승엽 #골프사랑 #동물사랑' 등을 덧붙였다.

박찬호는 60~70㎝ 길이의 뱀을 골프채로 제압한 뒤 손으로 잡아 올렸다. 옆에 있던 이승엽은 "사람 아니에요. 사람 아니야"라고 외치며 경악했다. -중략-

다음 글을 읽어 볼까요?

자아실현과 행복, 두 마리 토끼 잡기

매스컴엔 잘 나가던 회사를 나와 훌쩍 세계일주를 떠나거나, 안정적인 직장을 그만두고 이색 직업을 선택해 성공을 거둔 사람들의 이야기가 종종 나온다. 하지만 이 역시도 낯선 **성공담(成功談)**이다.

시작도 하지 못한 이들은 이런 **성공담(成功談)**에 더욱 움츠러들 뿐이다. 그냥 견디며 살 것인가, 아니면 다른 출구를 찾을 것인가. 우리에겐 선택이 필요해졌다. 아마존(Amazon) 베스트셀러 《나는 지금 점프한다》(원제 'When to Jump')의 저자, 마이크 루이스(Mike Lewis)는 "새로운 인생으로 '뛰어들 때(jump)' 비로소 자아실현과 행복이란 두 마리 토끼를 모두 잡을 수 있다"고 말한다. -중략-

✓ 오늘의 한자 "-담(談)"은 어떤 의미일까요?

오늘의 한자

한자	-談
한글	-담
뜻	• 이야기 • 무엇에 대한 이야기

오늘의 한자와 한자어

경험(經驗)
무용(武勇)
성공(成功)
모험(冒險)

\+ -담(談) 이야기

→

경험담(經驗談)	자신이 겪어 본 일에 대한 이야기
무용담(武勇談)	용감한 활동을 한 이야기
성공담(成功談)	성공한 일에 대한 이야기
모험담(冒險談)	위험을 알지만 시도한 일에 대한 이야기

오늘의 한자 "-담(談)"을 연습해 볼까요?

□에 알맞은 단어는 무엇일까요? 써 주세요.

1) 그 영화는 한 아이가 어머니를 찾기 위해 온갖 위험을 헤쳐 나가는 □□□(冒險談)을 그렸다.

2) 우리는 자수성가한 사람들의 □□□(成功談)을 들으며 공감하기도 하고 가끔 위축되기도 한다.

3) 군대를 제대한 친구들 모임에서 한 명씩 자신의 □□□(武勇談)을 이야기하기 시작했다.

4) 무슨 일을 시작하기 전에 그 일을 먼저 시작한 사람들의 □□□(經驗談)을 들을 필요가 있다.

정답 1) 모험담 2) 성공담 3) 무용담 4) 경험담

✓ 여러분 나라에서는 어떤 이야기들이 사랑받고 있나요? 여러분 나라에서 유명한 모험담(冒險談)이나 무용담(武勇談)이 있으면 소개해 주세요.

2강 기념사(記念辭)

한자 접미사 '-사(辭)'가 붙어서 특별한 자리에서의 말(말씀, 이야기)을 나타내는 단어가 됨을 이해하고 사용할 수 있다.

오늘의 한자는 무엇일까요?

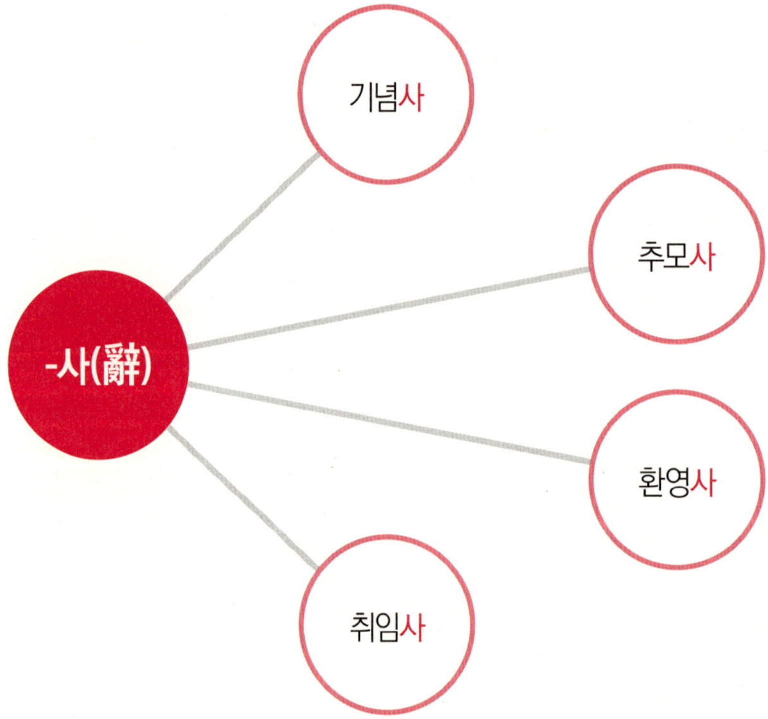

다음 신문 기사를 읽어 볼까요?

[추모사(追慕辭)] 임세원 선생을 기리며

후배님! 2018년의 마지막 날. 그날은 내 생애 절대 잊을 수 없는 날이 되고 말았네. 여느 해처럼 가족들과 웃고 떠들며 희망하는 새해를 기다리고 있었는데, 그저 황망하다는 말로밖에 달리 표현할 길이 없는 뉴스를 접하고 말았지. 세상에 정말 이럴 수가. 믿기지 않더군. 미안하네만, 그 다음 날 마치 아무 일 없었다는 듯 우리 가족은 떡국을 먹고, 한 살을 더 먹었네. 여느 해처럼 새해 인사를 받고 세배를 하고 가족들의 따뜻한 체온을 느끼고 지냈고. 정말 미안하네.

하루가 지나 수요일. 자네를 찾아갔었어. 그렇게 슬픈 상가는 처음이었네. 영정을 바라보고, 후배님에게 절을 올리고 나니 갑자기 현실이 되고 말았어. 기억나는가? 내가 펠로 1년차고 자네는 레지던트 1년차였던 시절. 의욕이 넘쳐흐르던 시절이었기에 조금은 느리고 활발하지 못하게 보였던 자네에게 다른 친구들보다 매섭게 대했지. 자네가 남보다 신중하고 더 배려하고 더 생각이 깊어서 그랬다는 것을 알기까지 그리 오래 걸리지는 않았지만. 한때 모질었던 나를 용서하길 바라네. -중략-

✔ 오늘의 한자 "-사(辭)"는 어떤 의미일까요?

오늘의 한자

한자	-辭
한글	-사
뜻	• 말/말씀 • 주로 공적이거나 공식적인 행사 시 이야기하는 말(말씀)

오늘의 한자와 한자어

기념(紀念)
추모(追慕)
환영(歡迎)
취임(就任)

\+ **-사(辭) 말, 말씀** ➡

기념사(紀念辭)	어떤 중요일 날이나 인물 등을 오래 마음에 간직하며 하는 말
추모사(追慕辭)	죽은 사람을 그리며 하는 말
환영사(歡迎辭)	오는 사람, 일 등을 기쁜 마음으로 맞이하는 인사말
취임사(就任辭)	새로운 자리에 처음 임하며 하는 말

오늘의 한자 "-사(辭)"를 연습해 볼까요?

✔ □에 알맞은 단어는 무엇일까요? 써 주세요.

1) 한국에서는 11월 9일을 소방의 날로 정하고 기념식을 개최한다. 그리고 이날을 기리는 □□□(記念辭)를 대통령이 말씀하신다.

2) 최근에 교통사고로 세상을 떠난 고(故) 김주혁 배우의 추모식에 많은 분들의 □□□(追慕辭)가 이어졌다.

3) 오늘 한국어 말하기 대회는 세계 여러 나라에서 참가한 참가자를 반갑게 맞이하는 □□□(歡迎辭)에 이어서 행사가 시작되었다.

4) 새로 오신 교장 선생님께서 학생들과 선생님들 앞에서 □□□(就任辭)를 하셨다.

정답 1) 기념사 2) 추모사 3) 환영사 4) 취임사

☑ **여러분은 공식적인 행사에서 어떤 말(말씀, 연설)을 들은 적이 있나요? 기억에 남는 말(말씀, 연설)이 있다면 소개해 주세요.**

보기

미국대통령 오바마의 이임사(離任辭), 고별 연설 중

Yes We Can. 우리는 할 수 있습니다.

Yes We Did. 우리는 해냈습니다.

Yes We Can. 우리는 할 수 있습니다.

아래에 써 볼까요?

11

견해와 관점

한자 접미사 **'-설(設)'**이 붙어서 어떤 의견이나 견해를 나타내고 한자 접미사 **'-관(觀)'**이 붙어서 어떤 것을 바라보는 입장이나 태도를 나타내는 단어가 됨을 이해하고 사용할 수 있다.

- 1강 : 지동설(地動說)
- 2강 : 가치관(價値觀)

1강 지동설(地動說)

한자 접미사 '-설(說)'이 붙어서 어떤 의견이나 견해를 나타내는 단어가 됨을 이해하고 사용할 수 있다.

오늘의 한자는 무엇일까요?

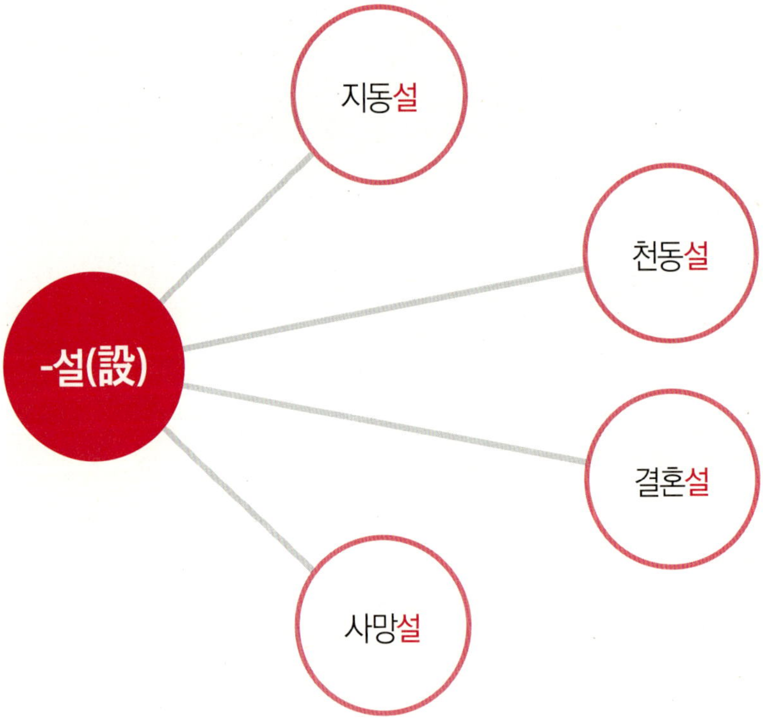

다음 신문 기사를 읽어 볼까요?

'공개연애의 무게' 전현무♥한혜진, 결혼설·결별설 끝없는 관심ing

전현무 한혜진 커플이 **결혼설(結婚說)**에 이어 **결별설(訣別說)**에 휩싸이며 관심의 중심에 섰다. 전현무와 한혜진은 이틀 연속 포털 사이트 검색어 1위를 차지하며 이들의 일거수일투족에 대한 관심을 입증하고 있다.

지난 8일 방송인 전현무와 모델 한혜진의 **결별설(訣別說)**은 빠른 속도로 온라인상에 퍼졌다. 누리꾼들은 방송에서 두 사람의 어색한 리액션과 전체적인 분위기가 서먹해졌다는 이유로 **결별설(訣別說)**에 무게를 실었다. 두 사람의 **결별설(訣別說)**과 관련된 내용은 포털사이트 실시간 검색어 1위를 이틀째 장식하며 상당한 관심을 입증했다. 앞서 불과 두 달 전인 지난 10월 전현무와 한혜진을 둘러싼 **결혼설(結婚說)**이 불거졌다. 내년 4월 결혼을 위해 예식장을 찾아 예약했다는 것. 양측은 "**결혼설(結婚說)**은 사실이 아니다"라고 밝힌 바 있다. -중략-

다음 글을 읽어 볼까요?

폴 매카트니 사망설, 사실로 밝혀지다 (1보)

폴 매카트니(Paul McCartney) **사망설(死亡說)**이 사실로 드러나 영국이 충격에 휩싸였다. 비틀즈(The Beatles)의 폴 매카트니는 1966년에 이미 사망했고 지금의 폴은 대역이라는 오랜 주장이 확인된 것이다. 현지시각으로 3월 30일부터 일부 언론에 보도된 이 뉴스는 3월 31일에 영국 언론을 중심으로 일제히 대서특필되고 있다. -중략-

"폴 매카트니 사망설(死亡設), 사실로 밝혀지다"… 만우절 '황당' 기사

한 언론매체가 1일 전설적 록밴드 비틀즈의 리더 폴 매카트니 '사망설(死亡設)'을 보도해 팬들을 화들짝 놀라게 했다. <중략> 하지만 기사 부제목으로 '100비트 필자의 만우절 가상 특종'이라고 달아 만우절을 맞아 작성한 가상 기사임을 밝혔다. 국내 일부 언론매체는 이 기사를 인용해 폴 매카트니가 사망한 것으로 보도하는 해프닝이 벌어졌다. -중략-

✓ 오늘의 한자 "-설(說)"은 어떤 의미일까요?

오늘의 한자

한자	-說
한글	-설
뜻	• 말, 이야기 • 무엇에 대한 이야기(주장, 소문)

오늘의 한자와 한자어

지동(地動)
천동(天動)
결혼(結婚)
사망(死亡)

\+ **-설(說) 말, 이야기** ➡

지동설(地動說)	지구가 태양 주위를 돌고 있다는 주장
천동설(天動說)	태양이 지구 주위를 돌고 있다는 주장
결혼설(結婚說)	결혼을 했다는 주장(소문)
사망설(死亡說)	사망을 했다는 주장(소문)

오늘의 한자 "-설(說)"을 연습해 볼까요?

✔ □에 알맞은 단어는 무엇일까요? 써 주세요.

1) 갈릴레오 갈릴레이는 태양이 지구를 돌고 있다는 □□□(天動說)을 부정하고 지구가 태양을 돌고 있다는 □□□(地動說)을 주장했다.

2) 유명한 연예인들은 □□□(結婚說)이 자주 뉴스나 신문 기사로 나오기 때문에 많은 스트레스를 받는다고 한다.

3) 비틀즈의 멤버였던 폴 매카트니의 □□□(死亡說) 만우절에 지어낸 황당한 거짓말 뉴스였다.

정답 1) 천동설, 지동설 2) 결혼설 3) 사망설

✓ **여러분 나라에서는 유명인의 결혼설이나 사망설 등 대중이 놀랄 만한 뉴스가 있었나요? 그런 뉴스가 있으면 소개해 주세요.**

보기

폴 매카트니 사망설

우리나라에서는 2010년에 폴 매카트니의 사망설이 있어서 많은 분들이 놀란 적이 있습니다. 하지만 그것은 만우절의 거짓 뉴스였습니다.

한 언론매체가 1일 전설적 록밴드 비틀즈의 리더 폴 매카트니 **'사망설(死亡說)'**을 보도해 팬들을 화들짝 놀라게 했다. <중략> 하지만 기사 부제목으로 '100비트 필자의 만우절 가상 특종'이라고 달아 만우절을 맞아 작성한 가상 기사임을 밝혔다. 국내 일부 언론매체는 이 기사를 인용해 폴 매카트니가 사망한 것으로 보도하는 해프닝이 벌어졌다. -중략-

소개해 볼까요?

2강 가치관(價値觀)

한자 접미사 '-관(觀)'이 붙어서 어떤 것을 바라보는 입장이나 태도를 나타내는 단어가 됨을 이해하고 사용할 수 있다.

✓ 오늘의 한자는 무엇일까요?

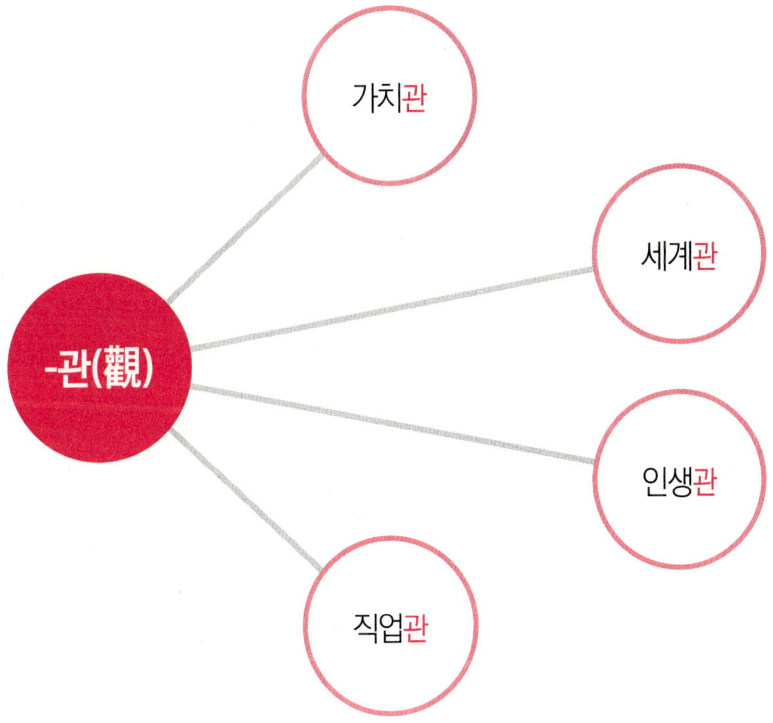

다음 신문 기사를 읽어 볼까요?

신이 되려는 인간의 미래는? 인간 역사에 던지는 담대한 질문, 유발 하라리의 <호모 데우스>

과학계가 유발 하라리의 <호모 데우스>에 뜨겁게 반응하고 있다. 그 이유는 역사학자로서 과학기술이 가진 의미를 짚은 그의 통찰 때문이었다. 그러나 이후 '호모' 뒤에 라틴어로 신을 의미하는 '데우스'를 붙인 속편을 쓸 정도의 야심을 기대한 사람은 그의 열혈 독자 중에도 많지는 않았을 것이다. 이 책에서 유발 하라리는 말 그대로 과학기술을 통해 신이 되려는, 그리고 그렇게 되어갈 인간의 모습을 그린다. 부제로도 붙어 있듯이 이런 시도는 기존 사학의 범주를 한참 벗어난 '미래의 역사'다.

'불멸·행복·신성' 그 후에 찾아오는 것

역사학자로서 그는 근대와 현대의 자유주의 시스템을 끌어낸 인본주의에 주목한다. 특히 인본주의적 자유주의는 과학기술 발달에 힘입어 이 책에서 수없이 반복되는 열쇳말(키워드, keyword)인 '불멸·행복·신성'을 극한까지 추구하도록 인류를 부추긴다. 자신의 존재와 의미에서 신을 떼어낸 인간은 결과적으로 이 세 목표를 이루고 스스로 신의 자리에 오르려는 것이다.

그러나 그 후에 찾아오는 것은 신으로서 인류의 영원한 지배가 아니라 이를 위해 만든 시스템인 인공지능과 만물인터넷에 의한 인류의 종말일지도 모른다.

'불멸·행복·신성' 그 후에 찾아오는 것

사실 이런 **세계관(世界觀)**이 그리 낯선 것은 아니다. 지난 몇 년 새 인공지능과 로봇공학이 급속히 발전하면서 '트랜스휴먼' '포스트휴먼' 등의 개념이 나왔고 그렇게 기계와 섞인 인간이나 아예 기계화된 존재가 현재의 인류를 대체할 것이라는 주장을 펼치는 학자가 적지 않다. -중략-

☑ 오늘의 한자 "-관(觀)"은 어떤 의미일까요?

오늘의 한자

한자	-觀
한글	-관
뜻	• 보다 • 어떤 것(사실)을 바라보는 중요한 시각(생각)

오늘의 한자와 한자어

가치(價値)
세계(世界)
인생(人生)
직업(職業)

\+ -관(觀) 보는 입장, 시각

→

가치관(價値觀)	세상 만물의 가치에 대한 평가 태도(견해)
세계관(世界觀)	세계를 이루는 가치에 대한 견해
인생관(人生觀)	인생의 의의, 가치, 목적 따위에 대한 관점이나 견해
직업관(職業觀)	직업에 대한 견해(태도)

오늘의 한자 "-관(觀)"을 연습해 볼까요?

□에 알맞은 단어는 무엇일까요? 써 주세요.

1) 요즘은 인터넷의 발달로 독특한 □□□(價値觀)을 가진 사람들도 온라인에서 모여 공감대를 형성할 수 있다.

2) 자신의 존재와 의미에서 신을 떼어낸 인간이 결과적으로 '불멸·행복·신성'을 이루고 스스로 신의 자리에 오르려는 □□□(世界觀)은 결코 낯설지 않다.

3) 사람마다 인생의 의미와 가치에 대해 비슷한 견해도 있지만, 다른 견해도 있어서 □□□(人生觀)도 사람마다 다를 수 있다.

4) 어떤 일을 하면 평생 행복하게 살 수 있을까? 난 가끔씩 주변 사람들에게 □□□(職業觀)을 물어 보곤 한다.

정답 1) 가치관 2) 세계관 3) 인생관 4) 직업관

✓ 여러분은 어떤 가족관(家族觀)을 가지고 있나요? 가족의 의미, 가족의 가치, 가족에 대한 생각 등 여러분의 가족관을 적어 주세요.

✓ 여러분은 어떤 국가관(國家觀)을 가지고 있나요? 국가에 대한 견해, 국가에 대한 의미 등에 대해서 적어 주세요.

12

부정 표현(1)

한자 접두사 '몰(沒)-'이 붙어서 그것이 전혀 없음을 나타내고 한자 접두사 '미(未)-'가 붙어서 그것이 아직 아님을 나타내는 나타내는 단어가 됨을 이해하고 사용할 수 있다.

- 1강 : 몰상식(沒常識)
- 2강 : 미개척(未開拓)

1강 몰상식(沒常識)

한자 접두사 '몰(沒)-'이 붙어서 그것이 전혀 없음을 나타내는 단어가 됨을 이해하고 사용할 수 있다.

오늘의 한자는 무엇일까요?

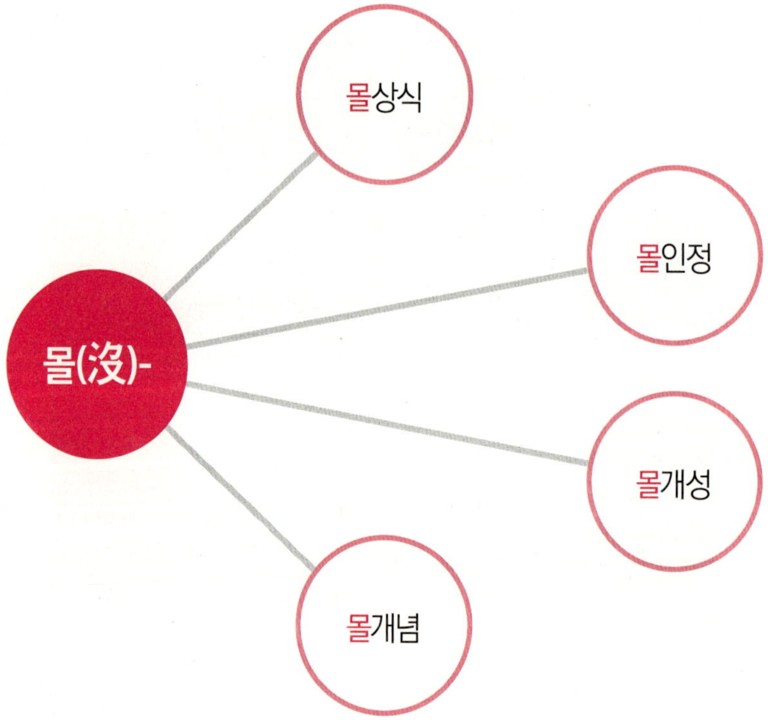

다음 신문 기사를 읽어 볼까요?

"다르게 생각하라" 평범함을 거부… "핵전쟁 불사" 라이벌에겐 몰인정

"우리는 오늘 혁신적인 제품을 무려 세 가지나 선보입니다. 첫 번째는 MP3 플레이어 아이팟의 대화면 버전입니다. 둘째는 혁신적인 휴대전화입니다. 셋째는 획기적인 인터넷 통신기기입니다. 뭔지 감이 오나요? 이것들은 각각의 3개 제품이 아닙니다. 단 하나의 제품입니다. 이 새로운 제품은 이제부터 '아이폰(iPhone)'이라고 부릅니다."

잡스는 오로지 기업가 본연의 업적으로만 평가를 받으려 했다. 빌 게이츠 마이크로소프트(MS) 창업자 등 성공한 기업가들이 행하는 기부에도 매우 인색했다. 생전에 벌어놓은 재산 83억 달러(약 10조원) 가운데 공식적으로 단 1달러도 기부하지 않았을 정도다.

잡스는 타인의 시선에도 아랑곳 않고 자신의 에너지를 기업 활동에만 집중하는 게 세상을 혁신하는 가장 효율적 판단이라 생각했다. 그의 슬로건인 '다르게 생각하라(Think different)'도 결국 평범한 생각, 주류의 생각을 거부한다는 의미라고 할 수 있다.

잡스는 라이벌에게도 **몰인정(沒人情)**했다. 2011년 발간된 잡스 전기에는 그가 구글과 안드로이드 운영체제(OS)를 상대로 "핵전쟁도 불사하겠다"고 말한 구절이 나온다. "구글! 아이폰을 도둑질했어. 내 숨이 다할 때까지 애플이 가진 은행 잔고 마지막 1페니까지 털어 이기겠다." 실제로 그는 구글은 물론 삼성전자와도 끈질긴 소송전을 벌였다. -중략-

✓ 오늘의 한자 "몰(沒)-"은 어떤 의미일까요?

오늘의 한자

한자	沒-
한글	몰-
뜻	• 전혀 없음 • **이/가 전혀 없음

오늘의 한자와 한자어

몰(沒)- 전혀 없음 + 상식(常識) / 인정(人情) / 개성(個性) / 염치(廉恥) ➡

몰상식(沒常識)	상식이 전혀 없음
몰인정(沒人情)	인정이 전혀 없음
몰개성(沒個性)	개성이 전혀 없음
몰염치(沒廉恥)	부끄러움이 전혀 없음

오늘의 한자 "몰(沒)-"을 연습해 볼까요?

✓ □에 알맞은 단어는 무엇일까요? 써 주세요.

1) 김 사장은 친구에게 돈을 빌린 후 갚지는 않고 다시 또 돈을 빌려 달라면서 전화를 했다. 돈을 갚기로 한 날을 지키지 않고 또 다시 돈을 빌리면서도 너무나 당당해서 정말 □□□(沒廉恥)한 사람이라고 생각했다.

2) 사람들이 출근 버스를 타려고 길을 줄을 서 있는데, 늦게 온 사람이 □□□(沒常識)하게 줄을 서지 않고 앞으로 가서 새치기를 하려고 한다.

3) 요즘 시내에 가 보면 유행하는 스타일의 옷을 입고 똑같은 스타일의 화장을 한 청소년이 많아서 패션 스타일이 □□□(沒個性)적으로 변하는 거 같다.

4) 자기 딸들에게는 가장 좋은 옷과 가장 좋은 음식을 주면서 신데렐라에게는 일만 시키는 새엄마는 정말 □□□(沒人情)해 보인다.

정답 1) 몰염치 2) 몰상식 3) 몰개성 4) 몰인정

✓ **여러분 나라의 동화나 소설(이야기) 속 사람 중에서 가장 몰인정(沒人情)한 사람은 누구인가요? 다음 <보기>처럼 소개해 주세요.**

보기

제목 : 홍부전

몰인정한사람 : 놀부 부부

소개해 볼까요?

한국의 전래 동화 중에 "홍부전"에는 착한 동생 홍부와 몰인정한 형인 놀부가 나옵니다. 홍부네 가족이 모두 음식이 없어서 형에게 음식을 얻으러 갔는데, 부자인 형과 형수는 먹을 것을 주지 않고 홍부를 돌려보냈습니다. 이 장면을 보면서 놀부 부부는 정말 몰인정하다고 행각했습니다.

제목 :

몰인정한 사람 :

소개 :

2강 미개척(未開拓)

한자 접두사 '미(未)-'가 붙어서 그것이 아직 아님을 나타내는 단어가 됨을 이해하고 사용할 수 있다.

오늘의 한자는 무엇일까요?

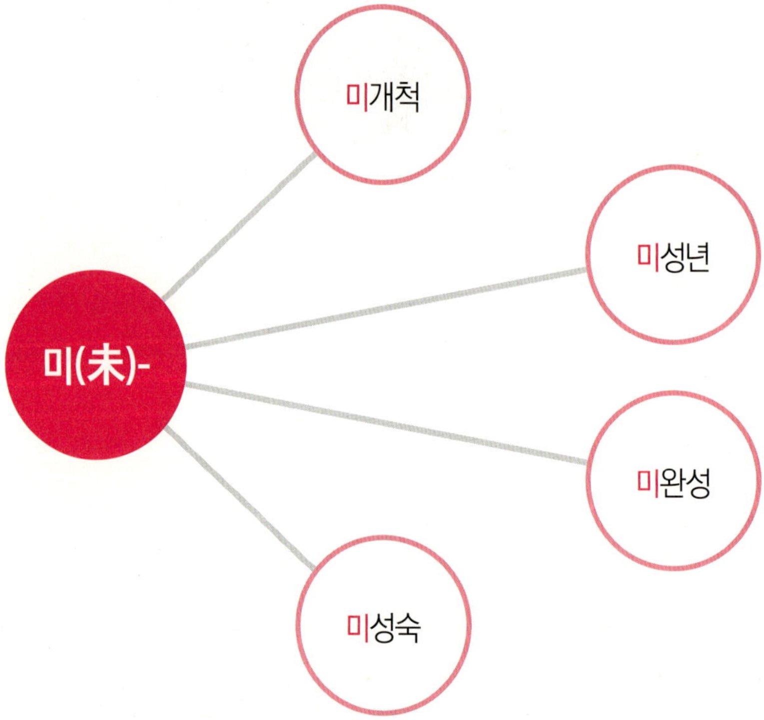

다음 신문 기사를 읽어 볼까요?

신간 펴낸 오은영 박사
"미성숙한 부모가 자식에겐 평생 상처"

"부모 중 상당수가 자식이 잘되게 한다는 이유로, 아이를 공격하고 비난하고 비교합니다. 부모는 사랑해서 그랬다지만 자식은 평생 잊지 못할 상처를 받게 됩니다." 정신건강의학과 전문의 오은영 박사의 말이다.

지난달 30일 서울 삼성동 오은영아카데미에서 만난 오 박사는 "누구에게나 어린 시절 부모로부터 어쩔 수 없이 받아야 했던 상처가 있다"며 "이 상처는 그림자처럼 따라다니며 평생을 지배하기도 한다"고 말했다. 그렇다면, 우리는 이러한 상처를 어떻게 대면해야 할까.

자식이 부모에게 상처받는 이유는 뭔가. "강렬한 사랑이 미성숙(未成熟)하게 표현되기 때문이다. 대부분 부모는 아이를 낳는 순간부터 본능적으로 목숨을 바쳐 사랑한다. 하지만 모든 부모에겐 정도의 차이가 있을 뿐 미성숙(未成熟)한 면이 있다. 사랑은 강렬하지만 미성숙(未成熟)한 표현법이나 교육법이 아이에게 상처를 주게 된다." -중략-

✓ 오늘의 한자 "미(未)-"는 어떤 의미일까요?

오늘의 한자

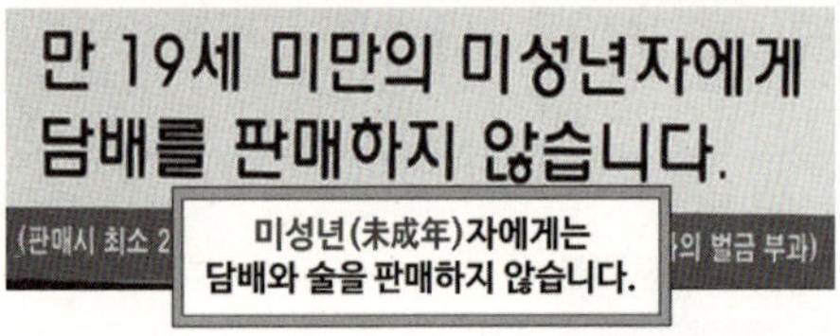

한자	未-
한글	미-
뜻	• 그것이 아직 아닌 • 그것이 아직 되지 않은

오늘의 한자와 한자어

미(未)-
아직 아님

\+ 개척(開拓), 성숙(成熟), 성년(成年), 완성(完成)

→

미개척(未開拓)	아직 개척하지 않음
미성숙(未成熟)	아직 성숙하지 않음
미성년(未成年)	아직 성년이 아님
미완성(未完成)	아직 완성하지 않음

오늘의 한자 "미(未)-"를 연습해 볼까요?

✓ □에 알맞은 단어는 무엇일까요? 써 주세요.

1) 남극 대륙에 대한 연구는 많은 생명체와 기후와 환경 등에 대한 연구가 더욱 필요한 □□□(未開拓) 분야이다.

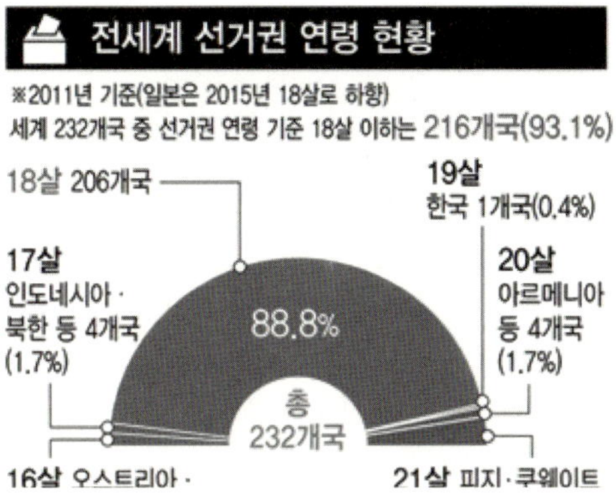

2) 부모가 □□□(未成熟)한 상태로 자녀 교육을 할 경우, 자칫 잘못하면 자녀에게 큰 상처로 남을 수 있다.

3) 나라마다 성년과 □□□(未成年)의 기준이 약간씩 차이가 있다고 들었다. 선거권도 나라마다 기준 연령이 다르게 나타나고 있다.

4) 천재 음악가 베토벤도 완성하지 못한 □□□(未完成) 곡이 있다. 그래서 베토벤의 마지막 교향곡 제10번의 제목도 '□□□(未完成) 교향곡'으로 알려져 있다.

정답 1) 미개척 2) 미성숙 3) 미성년 4) 미완성

✓ 여러분 나라는 몇 살부터 선거에 참여할 수 있나요? 미성년(未成年)은 몇 살까지인가요?

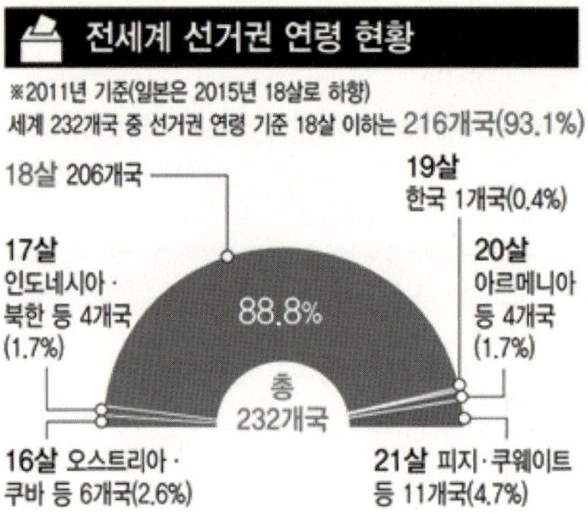

✓ 여러분이 생각하는 미개척(未開拓)분야는 어느 분야인가요? 소개해 주세요.

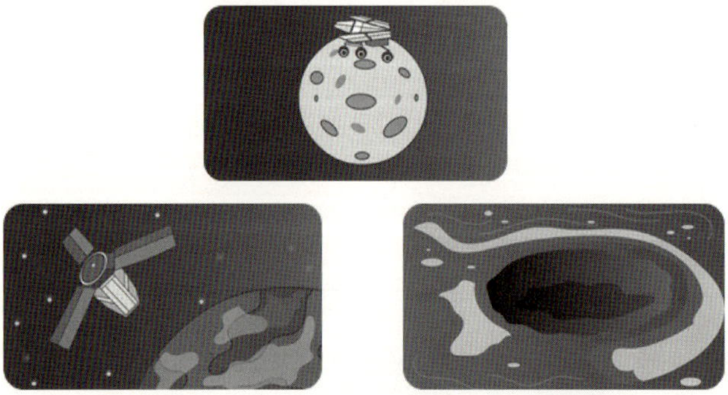

13

부정 표현(2)

한자 접두사 '무(無)-'가 붙어서 그것이 없음을 나타내고 한자 접두사 '비(非)-'가 붙어서 그것이 아님을 나타내는 단어가 됨을 이해하고 사용할 수 있다.

- 1강 : 무감각(無感覺)
- 2강 : 비공식(非公式)

1강 무감각(無感覺)

한자 접두사 '무(無)-'가 붙어서 그것이 없음을 나타내는 단어가 됨을 이해하고 사용할 수 있다.

오늘의 한자는 무엇일까요?

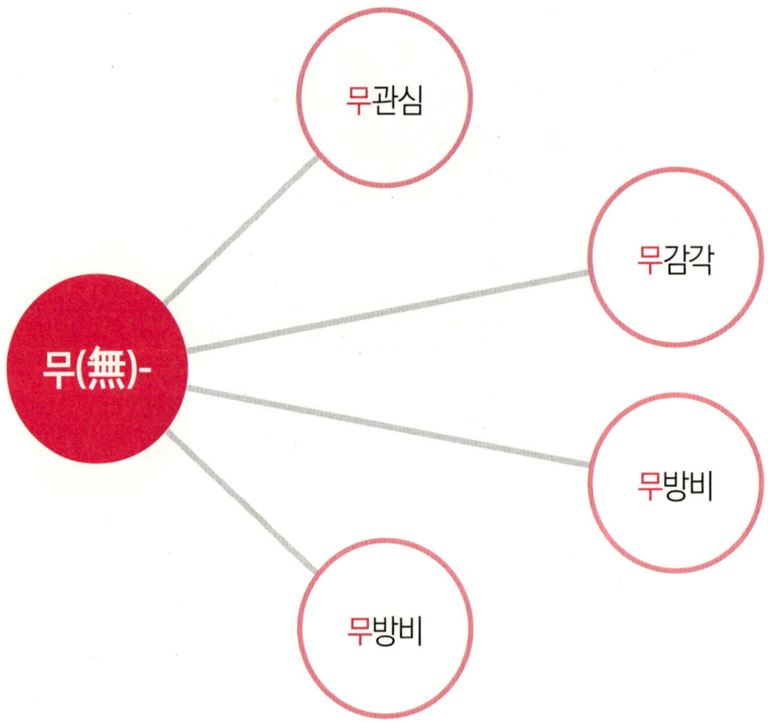

다음 신문 기사를 읽어 볼까요?

나는 내가 얼마나 살이 쪘는지 무감각했다

미국 노스캐롤라이나주에 사는 케시아 라이스(Kecia Rice) 씨는 지난 2년 동안 63kg을 감량했습니다. 현재 몸은 예전의 거의 절반입니다. 어려서부터 항상 '비만 소녀'였던 케시아 씨는 160kg 몸집 때문에 놀이공원에서 놀이기구 타는 것을 거부당하기 전까지는 자신의 몸이 얼마나 큰지 깨닫지 못했다고 합니다.

케시아 씨는 야후라이프스타일에 "내가 하고 싶은 일을 못한 적이 없어서, 정확하게 내가 얼마나 살이 쪘는지 무감각(無感覺)했다"라고 말했습니다. 하지만 신혼여행 기간 이제는 바꿔야 한다고 생각하게 됐죠. 케시아 씨는 "남편과 나는 정말 오랫동안 가고 싶었던 '해리포터 월드'에 갔다"라며 "너무 오랫동안 가고 싶었던 곳인데, 놀이기구를 탈 때 난 너무 뚱뚱해서 탈 수 없었다. 낙담이 이만저만이 아니었다"라고 말했습니다. -중략-

다음 글을 읽어 볼까요?

전동형 개인 이동수단 이용자 10명 중 9명 이상 '보호장비' 없이 무방비 노출

전동킥보드

전동이륜평행차

전동외륜보드

전동이륜보드

전동형 개인 이동수단 이용자가 증가함에 따라 안전사고도 급증하고 있으나 이용자 대부분이 보호장비를 착용하지 않고 정해진 주행공간도 지키지 않아 개선이 시급한 것으로 나타났다.

14일 한국소비자원은 전동형 개인 이동수단 이용자를 대상으로 한 설문조사(200명) 및 이용 실태조사(50명) 결과를 발표했다. 이에 따르면 전동형 개인 이동수단 이용자 대부분이 안전모와 같은 보호장비를 착용하지 않아 안전사고 위험에 **무방비(無防備)**로 노출되는 것으로 나타났다. -중략-

✔ 오늘의 한자 "무(無)-"는 어떤 의미일까요?

오늘의 한자

무분별하게 버려진 쓰레기들

한자	無-
한글	무(無)-
뜻	• 없음 • [무엇]이 없음, 존재하지 않음

오늘의 한자와 한자어

무(無)- 없음 + 관심(關心), 감각(感覺), 방비(防備), 분별(分別) ➡

무관심(無關心)	관심이 없음
무감각(無感覺)	감각이 없음
무방비(無防備)	방비가 없음
무분별(無分別)	분별이 없음

오늘의 한자 "무(無)-"를 연습해 볼까요?

□에 알맞은 단어는 무엇일까요? 써 주세요.

1) 사랑의 반대말은 미움이 아닌 □□□(無關心)이라는 말이 있을 정도로 관심을 못 받는 사람들은 이상해지는 게 당연하다는 시각도 있다.

2) 혹시 감정을 표현하거나 느낄 수 없다면 어떤 기분일까? 이것은 우리가 □□□(無感覺) 혹은 정서적 □□□(無關心)이라고 한다.

3) 컴충(컴퓨터 기생충)에 대해서는 아직까지 아무런 연구도 없으며, 아무런 대책 또한 없으므로 거의 □□□(無防備) 상태나 다름이 없다.

4) 지금 인류가 직면한 가장 큰 위험은 지구 온난화이며, 온난화의 원인 중 빼놓을 수 없는 것이 바로 □□□(無分別)하게 버려지는 음식물쓰레기이다.

정답 1) 무관심 2) 무감각, 무관심 3) 무방비 4) 무분별

✓ **여러분은 여러분 나라에서 무방비(無防備)로 인한 사건이나 사고 뉴스를 들은 적이 있나요? 다음 <보기>처럼 '무방비(無防備)'로 인한 사건이나 사고 뉴스를 검색하여 소개해 주세요.**

보기

출처 : SBS뉴스

소개해 볼까요?

신설학교 건립 때마다 어린 학생들이 '새학교 증후군'에 시달리는 것과 관련해 건축자재 사용에 문제가 있는 것 아니냐는 의혹이 제기됐다. 더욱이 1군 발암물질 라돈검출 노출에 대해서도 무방비 상태인 것으로 알려져 충격을 주고 있다.

제목 :

그림/사진 :

소개 :

출처 :

2강 비공식(非公式)

한자 접두사 '비(非)-'가 붙어서 그것이 아님을 나타내는 단어가 됨을 이해하고 사용할 수 있다.

오늘의 한자는 무엇일까요?

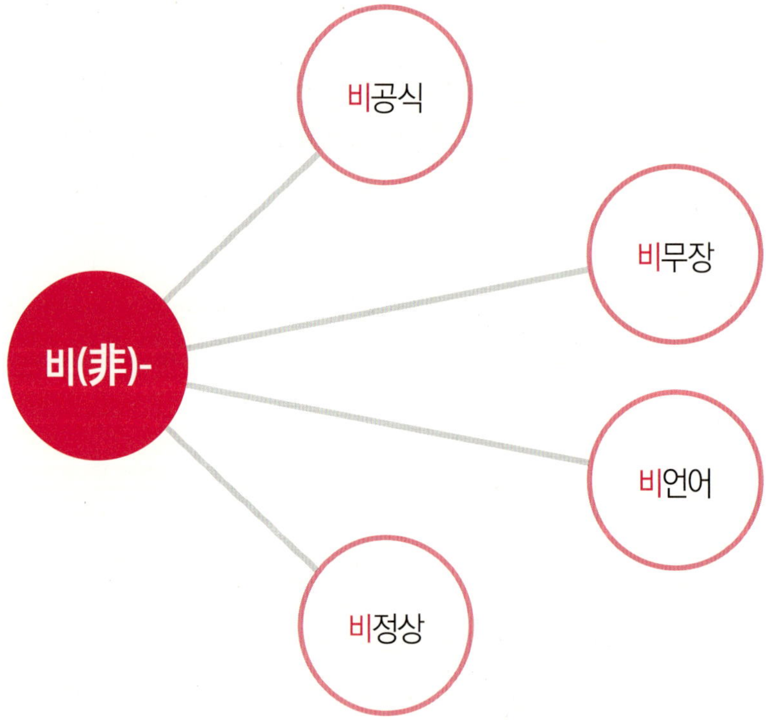

다음 신문 기사를 읽어 볼까요?

천혜의 생태 보고, 비무장 지대

끊어진 한반도의 허리에 인간으로부터 버려진 땅이 있다. 남쪽과 북쪽은 이곳을 점령하지 않기로 했다. 이 해방구는 대신 천혜를 입었다. 반세기 만에 지구 생태계의 보물창고가 됐다. 이 프로그램은 **비무장(非武裝)**지대(DMZ:demilitarized zone)에 서식하는 희귀 야생동물들을 카메라에 담았다.

제작진은 "지뢰가 묻혀 사람에게는 두려움의 대상이 된 DMZ가 한반도 자연 생태계의 보고(寶庫)로 그 가치를 세계적으로 인정받고 있음에 주목했다"고 밝혔다.

DMZ는 1953년 7월27일 '한국전 정전협정'에 의해 설치됐다. 군사분계선(MDL) 남북 양쪽으로 각각 2㎞ 폭의 완충지대다. 분계선의 총 길이는 서쪽으로 한강 하구 교동도부터 동쪽 한계인 강원도 고성군 지역까지 155마일(약 250㎞)이다. -중략-

✓ 오늘의 한자 "비(非)-"는 어떤 의미일까요?

오늘의 한자

한자	非-
한글	비-
뜻	• 그것이 아직 아닌 • 그것이 아직 되지 않은

오늘의 한자와 한자어

비(非)-
~이/가 아님
~이/가 없음

\+ 공식(公式), 무장(武裝), 정상(正常), 언어(言語)

→

비공식(非公式)	공식적인 것이 아님
비무장(非武裝)	무기(무력장비)가 없음
비정상(非正常)	정상이 아님
비언어(非言語)	언어가 아님

오늘의 한자 "비(非)-"를 연습해 볼까요?

□에 알맞은 단어는 무엇일까요? 써 주세요.

1) 미선은 남쪽에, 철수는 북쪽에, 그리고 가능하다면 나는 무기가 없는 □□□(非武裝)지대에 살고 싶어요.

2) 이번에 사장님의 국회 방문은 예정에 없던 □□□(非公式) 일정이라고 한다.

3) 그 사람은 겉으로 보면 □□□(非正常)인 것 같지만, 내가 보기에는 우리 중에 가장 정상이다.

4) 요즘은 언어로 표현하는 것도 중요하지만 □□□(非言語) 표현도 매우 중요하다.

정답 1) 비무장 2) 비공식 3) 비정상 4) 비언어

✓ 여러분 나라에도 한국의 비무장(非武裝) 지대처럼 식물이나 동물 등 자연이 잘 보존된 장소가 있나요? 그곳이 있다면 소개해 주세요.

✓ 여러분 나라에서 꼭 알아야 하는 비언어(非言語) 표현이 있나요? 소개해 주세요.

참고 문헌(본문 및 그림 등 출처)

과	강	페이지	출처(본문 및 그림 등)
제1과	1강 본문	15	https://news.joins.com/article/22452991 중 부분 발췌
	1강 본문	15	한국학중앙연구원 http://encykorea.aks.ac.kr/Contents/Item/E0023285#
	1강 본문	16	https://m.post.naver.com/viewer/postView.nhn?volumeNo=11671515&memberNo=29566044&vType=VERTICAL#
	2강 본문	21	https://news.joins.com/article/22452991 중 일부 발췌
	2강 본문	22	https://www.sedaily.com/NewsView/1S60FJKUI7 중 부분 발췌
	3강 본문	27	http://www.koreatimes.com/article/1210563 중 일부 발췌함
	3강 본문	28	https://www.fnnews.com/news/201808301634263657
제2과	1강 본문	35	http://m.segye.com/view/20181105002658#csidxd7dc3de01c3179489ad5f0520aff348 중 부분 발췌
	1강 본문	36	https://www.lawtimes.co.kr/Legal-News/Legal-News-View?serial=78921 중 부분 발췌
	2강 본문	41	https://m.post.naver.com/viewer/postView.nhn?volumeNo=16942829&memberNo=997329&vType=VERTICAL# 중 부분 발췌
	2강 본문	42	http://www.hani.co.kr/arti/economy/working/641967.html#csidxf8a84691ee8a2e69b0ae4a6e24dd466 중 부분 발췌
제3과	1강 본문	49	http://www.kyeonggi.com/news/articleView.html?idxno=2011730 중 부분 발췌
	1강 본문	50	http://www.donga.com/news/article/all/20171012/86710394/2

과	강	페이지	출처(본문 및 그림 등)
제3과	2강 본문	55	http://www.asiae.co.kr/news/view.htm?idxno=2018110910411782754 중 부분 발췌
	2강 본문	56	http://www.hani.co.kr/arti/economy/working/641967.html#csidxf8a84691ee8a2e69b0ae4a6e24dd466 https://ko.wikipedia.org/wiki/%ED%8C%8C%EC%9D%BC:Svalbard_on_the_globe_(Greenland_centered).svg 중 부분 발췌
제4과	1강 본문	63	http://www.hani.co.kr/arti/culture/movie/838165.html#csidx21c284c7041c728bce17c4a6faead7f
	1강 본문	64	https://post.naver.com/viewer/postView.nhn?volumeNo=10177270&memberNo=29566044
	2강 본문	69	http://www.hani.co.kr/arti/international/international_general/603018.html#csidx836672141d00873918e7fbcd6cfbf44 중 부분 발췌
	2강 본문	70	http://www.etnews.com/20181116000268 중 부분 발췌
제5과	1강 본문	77	https://news.v.daum.net/v/20181129030139441?f=m 중 부분 발췌
	1강 본문	78	https://www.hankyung.com/international/article/201811131630Y
	2강 본문	83	http://www.seoul.co.kr/news/newsView.php?id=20180809019003 중 부분 발췌
	2강 본문	84	https://joseilbo.com/news/htmls/2016/07/20160705298410.html 중 부분 발췌
제6과	1강 본문	91	http://www.fntimes.com/html/view.php?ud=2019010914070685225e6e69892f_18 중 부분 발췌
	1강 본문	92	https://www.insight.co.kr/news/193461 중 부분 발췌
	2강 본문	97	http://stv.seoul.co.kr/news/newsView.php?id=20190107500109#csidx90255f1f5fae36ebf883ff0168f2c33 중 부분 발췌
	2강 본문	98	http://www.obsnews.co.kr/news/articleView.html?idxno=1134725 중 부분 발췌
제7과	1강 그림	103	http://news.chosun.com/site/data/html_dir/2009/12/30/2009123000825.html
	1강 그림	105	http://biz.chosun.com/site/data/html_dir/2019/01/02/2019010201232.html
	1강 본문	105	http://www.dailypop.kr/news/articleView.html?idxno=37295 중 부분 발췌
	2강 본문	110	http://wflower.info/news/article.html?no=2761 중 부분 발췌
	2강 본문	111	http://biz.chosun.com/site/data/html_dir/2019/01/02/2019010201232.html 중 부분 발췌

과	강	페이지	출처(본문 및 그림 등)
제7과	2강 그림	112	http://dc.koreatimes.com/article/20161019/1018634
제8과	1강 그림	115	https://news.joins.com/article/17619134
	1강 본문	117	http://www.edaily.co.kr/news/read?newsId=01177526622353784&mediaCodeNo=257 중 부분 발췌
	1강 그림	118	http://item.gmarket.co.kr/Item?goodscode=1234274063
	1강 그림	119	https://www.clien.net/service/board/park/8553708
	2강 본문	122	http://www.ecotiger.co.kr/news/articleView.html?idxno=25650 중 부분 발췌
	2강 본문	123	http://www.newsinside.kr/news/articleView.html?idxno=515363
			http://news.hankyung.com/article/2018092860461 중 부분 발췌
	2강 그림	124	ttp://news.jtbc.joins.com/html/267/NB11736267.html
제9과	1강 그림	127	https://www.youtube.com/watch?v=QHBv3hYt8U4 영상 중 부분 발췌
	1강 본문	129	http://m.yeongnam.com/jsp/view.jsp?nkey=20181219.010150744330001 중 부분 발췌
	1강 본문	130	http://www.sisacast.kr/news/articleView.html?idxno=22930 중 부분 발췌
	1강 그림	131	https://jjalbox.com/view/free/1/89825/%EC%A0%84%EC%84%A4%EC%9D%98_%EB%8F%85%EC%B4%89%EC%9E%A5
	2강 본문	135	http://www.etnews.com/20190125000016 중 부분 발췌
	2강 본문	136	https://news.joins.com/article/23261257
제10과	1강 그림	141	https://ko.wikipedia.org/wiki/%ED%86%B0_%EC%86%8C%EC%97%AC%EC%9D%98_%EB%AA%A8%ED%97%98
	1강 그림	141	https://commons.wikimedia.org/wiki/File:Tom_Sawyer_8c_1972_issue_U.S._stamp.jpg
	1강 본문	143	http://m.kmib.co.kr/view.asp?arcid=0012316936
	1강 본문	144	http://www.jagyung.com/news/article.html?no=5590 중 부분 발췌
	1강 그림	145	https://ko.wikipedia.org/wiki/%ED%86%B0_%EC%86%8C%EC%97%AC%EC%9D%98_%EB%AA%A8%ED%97%98

과	강	페이지	출처(본문 및 그림 등)
제10과	2강 본문	149	http://www.doctorsnews.co.kr/news/articleView.html?idxno=127291 중 부분 발췌
	2강 그림	151	http://www.hani.co.kr/arti/society/society_general/817291.html
제11과	1강 그림	153	https://hypebeast.kr/2019/2/marvel-avengers-4-official-release-date
	1강 그림	153	https://science.ytn.co.kr/program/program_view.php?s_mcd=0082&s_hcd=0011&key=201801191202516336&page=4 영상 중 부분 발췌
	1강 본문	155	http://en.sz-search.com/s.html?q=%EA%B9%80%EC%A3%BC%ED%98%81&p=1&k=8
	1강 본문	156	http://www.hani.co.kr/arti/culture/culture_general/413725.html 중 부분 발췌
	1강 본문	157	https://news.joins.com/article/4091190 중 부분 발췌
	1강 그림	158	http://enews.imbc.com/News/RetrieveNewsInfo/252266
	2강 본문	162	http://h21.hani.co.kr/arti/culture/culture_general/46544.html 중 부분 발췌
제12과	1강 그림	167	https://www.youtube.com/watch?v=IhNw5z5Vpq8
	1강 그림	167	https://www1.president.go.kr/articles/1382
	1강 본문	169	https://news.joins.com/article/19421615 중 부분 발췌
	2강 그림	175	https://news.joins.com/article/23260574
	2강 본문	176	http://itempage3.auction.co.kr/DetailView.aspx?itemno=B419982630
	2강 그림	177	http://www.hani.co.kr/arti/society/schooling/777739.html
	2강 그림	177	https://eagonblog.com/tag/%EA%B5%90%ED%96%A5%EA%B3%A1
	2강 그림	178	http://www.hani.co.kr/arti/society/schooling/777739.html

과	강	페이지	출처(본문 및 그림 등)
제13과	1강 그림	179	http://www.ebs.co.kr/tv/show?prodId=352&lectId=10636444 영상 중 부분 발췌
	1강 그림	179	http://tourdmz.com/02dmz/p1-1.php
	1강 본문	181	https://soda.donga.com/3/all/37/1648516/1
	1강 본문	182	http://www.sisafocus.co.kr/news/articleView.html?idxno=202476
	2강 본문	187	http://www.mediatoday.co.kr/news/articleView.html?idxno=64452
	2강 그림	189	https://www.asiae.co.kr/news/view.htm?idxno=2014120906451630786

외국인을 위한

실용한자어

초판 인쇄 2020년 3월 3일
초판 발행 2020년 3월 10일

지은이 박기선
발행인 김인철
총괄 · 기획 윤성우 Director, University Knowledge Press
편집장 신선호 Executive Knowledge Contents Creator
기획 · 물류 이현진 Planning Expert
사전 · 도서편집 정준희 Contents Creator
전자책 · 도서편집 장혜린 Contents Creator
도서편집 이병철 Contents Creator
이근영 Contents Creator
재무관리 하누리 Managing Creator
발행처 한국외국어대학교 지식출판콘텐츠원
02450 서울특별시 동대문구 이문로 107
전화 02)2173-2493~7
팩스 02)2173-3363
홈페이지 http://press.hufs.ac.kr
전자우편 press@hufs.ac.kr
출판등록 제6-6호(1969. 4. 30)
디자인 · 편집 (주)이환디앤비 02)2254-4301
인쇄 · 제본 네오프린텍(주) 02)718-3111

ISBN 979-11-5901-765-0 13710 정가 21,000원

*잘못된 책은 교환하여 드립니다.

HUiNE은 한국외국어대학교 지식출판콘텐츠원의 어학도서, 사회과학도서, 지역학 도서 Sub Brand이다. 한국외대의 영문명인 HUFS, 현명한 국제전문가 양성(International +Intelligent)의 의미를 담고 있으며, 휴인(携引)의 뜻인 '이끌나, 끌고 나가다'라는 의미처럼 출판계를 이끄는 리더로서, 혁신의 이미지를 담고 있다.